NOSSA VIDA COM JESUS

Coleção **INICIAÇÃO CRISTÃ CATECUMENAL**

Autoria: Diocese de Joinville

- *Nossa vida com Jesus – Iniciação cristã de inspiração catecumenal – Eucaristia – Catequizando – Volume 1*
- *Nossa vida com Jesus – Iniciação cristã de inspiração catecumenal – Eucaristia – Catequizando – Volume 2*
- *Nossa vida com Jesus – Iniciação cristã de inspiração catecumenal – Eucaristia – Catequista*
- *Confirmados na fé – Iniciação cristã de inspiração catecumenal – Crisma – Catequista*
- *Confirmados na fé – Iniciação cristã de inspiração catecumenal – Crisma – Catequizando*
- *Nova vida que nasce da vida*
- *Caminhar para o sacramento do batismo*
- *A alegria de ver você crescer*
- *A vida que inicia*
- *Quaresma: convite à conversão*
- *Nos passos de Jesus: manual de iniciação cristã com adultos*

Diocese de Joinville – SC

NOSSA VIDA COM JESUS

Iniciação cristã de inspiração catecumenal - Eucaristia

CATEQUIZANDO

Diocese de Joinville
Bispo diocesano: Dom Irineu Roque Scherer
Texto: Equipe Diocesana de Coordenação da Diocese de Joinville
Coordenação: Ir. Terezinha Maria Mocellin e Ir. Celestina Zardo

Direção editorial: Pe. Claudiano Avelino dos Santos, ssp
Coordenação editorial: Pe. Jakson Ferreira de Alencar, ssp
Colaboração: Pe. Luiz Eduardo Baronto
Revisão: Cícera Gabriela Souza Martins
Ilustrações: Pe. Otávio Ferreira Antunes
Diagramação: Fernando Tangi
Impressão e acabamento: PAULUS

Dados Internacionais de Catalogação na Publicação (CIP)
(Câmara Brasileira do Livro, SP, Brasil)

Nossa vida com Jesus: catequizando / Diocese de Joinville. – São Paulo: Paulus, 2013. – Coleção Iniciação cristã catecumenal.

　　Bibliografia.
　　ISBN 978-85-349-3625-5

　　1. Catequese – Igreja Católica – Ensino bíblico
　　2. Catequistas – Educação　3. Fé　4. Vida cristã
　　I. Diocese de Joinville.

13-02858　　　　　　　　　　　　CDD-268.3

Índice para catálogo sistemático:
1. Catequistas: Formação bíblica: Educação religiosa: Cristianismo　268.3

 Seja um leitor preferencial **PAULUS.**
Cadastre-se e receba informações sobre nossos lançamentos e nossas promoções: **paulus.com.br/cadastro**
Televendas: **(11) 3789-4000 / 0800 016 40 11**

1ª edição, 2013
21ª reimpressão, 2025

© PAULUS – 2013
Rua Francisco Cruz, 229 • 04117-091 – São Paulo (Brasil)
Tel.: (11) 5087-3700
paulus.com.br • editorial@paulus.com.br
ISBN: 978-85-349-3625-5

SUMÁRIO

Apresentação 7
Jesus, o Pão da Vida 8
Identificação 9

Primeira etapa
da Catequese Eucarística

1º Encontro – Ao encontro de um grande amigo 13
2º Encontro – Deus me chama pelo nome 15
3º Encontro – Eu, teu Deus, te chamo, quero falar-te. Escuta-me! 17
4º Encontro – O jeito de Jesus amar os seus amigos: o Bom-Pastor 20
5º Encontro – A Bíblia é um livro diferente 22

Segunda etapa
da Catequese Eucarística

6º Encontro – A Bíblia: um livro no qual Deus revela o seu amor 27
7º Encontro – A criação: sinal do amor e da bondade de Deus 29
8º Encontro – Deus propõe à pessoa humana uma aliança de amor 31
9º Encontro – A quebra da aliança 33
10º Encontro – Deus convida Maria para ser a Mãe de Jesus 35
11º Encontro – João Batista anuncia a vinda de Jesus 37
12º Encontro – Deus Pai envia o seu Filho Jesus 39
13º Encontro – A missão de Jesus: anunciar o Reino de Deus 41
14º Encontro – Falar ao Pai como Jesus nos ensinou (Primeira parte do Pai-nosso) .. 43
15º Encontro – Pedir ao Pai, como Jesus ensinou (Segunda parte do Pai-nosso) 45
16º Encontro – No Pai-nosso, Jesus nos ensina a perdoar 47
17º Encontro – Jesus é traído, preso, torturado, julgado e condenado 49
18º Encontro – Jesus morreu e ressuscitou 51
19º Encontro – A vida de Jesus continua em nós pelo Espírito Santo 53
20º Encontro – A missão de Jesus continua na comunidade de fé, vida e amor . 55
21º Encontro – O Credo é o texto básico da fé 57
22º Encontro – Domingo é o dia do Senhor 59
23º Encontro – O Batismo é um mergulho na Páscoa de Jesus 61
24º Encontro – No Batismo fomos ungidos em Cristo Jesus 63
25º Encontro – O batizado é um iluminado 65

26º Encontro – A Eucaristia: comunhão com Deus e com os irmãos 67

27º Encontro – A Eucaristia: Mesa da Palavra e Mesa do Pão 69

28º Encontro – A Eucaristia: memória, festa e ação de graças ao Pai 71

29º Encontro – A Eucaristia: celebração do mistério pascal 73

30º Encontro – Os mandamentos: caminho de vida e felicidade 75

31º Encontro – Os mandamentos como aliança 77

32º Encontro – O maior mandamento é o amor.. 79

Terceira etapa
da Catequese Eucarística
(Tempo da Quaresma)

33º Encontro – A Igreja continua a missão de Jesus 83

34º Encontro – A comunidade de fé: lugar da vida e do perdão 85

35º Encontro – O amor misericordioso de Deus 88

36º Encontro – A Páscoa de Jesus: núcleo da nossa fé 91

Quarta etapa
da Catequese Eucarística
(Tempo Pascal)

37º Encontro – A Eucaristia: alimento para a vida e a missão 95

38º Encontro – O Batismo: fonte de vocação e missão

(Terceiro domingo do Tempo pascal) 97

39º Encontro – Enquanto aguardo ser crismado 100

40º Encontro – Ritos iniciais e ritos finais da Eucaristia

(Quarto domingo do Tempo pascal) 102

41º Encontro – A celebração da Eucaristia passo a passo

(Quinto domingo do Tempo pascal) 104

42º Encontro – A Ascensão do Senhor 107

43º Encontro – O retiro é uma experiência espiritual 109

Orações 111

Apresentação

Tenho a alegria de apresentar a vocês, queridos catequizandos e catequizandas da Eucaristia, o manual denominado **Nossa vida com Jesus**. A palavra manual já diz que é como um tesouro que carrego nas mãos, que manuseio, leio, releio, medito e aplico. É o manual de catequese. Um livro diferente. Didático e dinâmico, este manual propõe uma releitura dos textos bíblicos mais voltada à oração e à meditação, centradas em Jesus Cristo – Caminho, Verdade e Vida, proporcionando, assim, uma rica celebração da fé e vivência em comunidade. É um bom amigo, que vai facilitar um encontro vivo com Jesus Cristo.

Este manual contém a doutrina que o cristão precisa conhecer e viver, orienta a ter Jesus Cristo como centro da vida, a celebrar a vida de fé e viver em comunidade. Ele possui um método próprio: a Leitura Orante da Bíblia. Com esse método, procuramos assimilar o que a Bíblia nos diz em Deuteronômio 30,14: "A Palavra está muito perto de ti: na tua boca e no teu coração, para que a ponhas em prática". Dessa forma, a Leitura Orante da Bíblia se torna uma experiência e um encontro pessoal entre nós e Deus. Não existe nada de mais fantástico do que um encontro pessoal com Deus que nos ama infinitamente.

Desejo que, através da catequese, a Palavra de Deus chegue ao coração de cada catequizando, para que descubra e realize o seu encontro pessoal com o Senhor, mediante Jesus Cristo, o Filho de Deus ressuscitado, que nos leva com o Espírito Santo à comunhão com o Pai.

Confio nos pais, primeiros catequistas, e peço empenho, colaboração e participação na caminhada da fé dos seus filhos.

Minha bênção aos catequizandos, catequistas, famílias e todos os que se empenham para que uma adequada Iniciação à Vida Cristã de Inspiração Catecumenal se torne realidade em nossa Diocese.

Com estima e meu abraço fraterno em Cristo Jesus!

Dom Irineu Roque Scherer
Bispo Diocesano de Joinville

Jesus, o Pão da Vida

Querido(a) catequizando(a)

Boas-vindas para o grande encontro com Jesus, o Pão da Vida.

É uma alegria acolher você na catequese!

Nenhum encontro é tão vivo e tão lindo como o encontro com Jesus Cristo. Você está de parabéns pela ousadia de assumir o caminho de iniciação à vida cristã eucarística. O próprio Jesus lhe faz um convite muito especial! Deixe-se encantar por Jesus! Ele quer falar com você como um amigo, bom e fiel. Escute-o!

É o próprio Jesus Cristo que vem ao seu encontro e vai guiando você mediante a sua Palavra na Leitura Orante. Deus convida você a olhar para a vida, escutar a sua Palavra, meditar o que a Palavra diz para você, e o convoca para um diálogo de amor e para uma resposta a esse amor em cada dia de nossas vidas.

Para realizar esta caminhada no fortalecimento de sua fé e para que possa responder com sua vida ao amor que Deus tem por você, sua família, o padre, os catequistas, os introdutores e a comunidade toda serão as pontes, os indicativos, as escadas que facilitarão o seu encontro com Jesus.

Pensando em você, foi preparado este Manual de Catequese de Iniciação à Vida Cristã Eucarística com um estilo catecumenal. Ele marcará esse tempo importante em sua vida. Siga as suas orientações. Ele será uma lembrança bonita da caminhada ao encontro com Jesus Cristo, a quem você vai dar uma resposta de fé e de amor. Toda a comunidade e os(as) catequistas o abraçam, em especial o(a) catequista que faz com você esta caminhada.

Equipe de Coordenação de Catequese
da Diocese de Joinville

Identificação

Nome..
Local e data de nascimento...
Nome: da mãe...
       do pai..
       do responsável..
Endereço: Rua:...Nº..................................
       Bairro..........................Cidade............................CEP..............
       Telefone..........................Celular..............................
Paróquia..
Comunidade ....Padroeiro................................
Nome do(a) catequista...
Endereço: Rua:...Nº..................................
       Bairro..........................Cidade............................CEP..............
       Telefone..........................Celular..............................
Data do Batismo ....../....../..... Comunidade ....Paróquia ....
Padrinhos de Batismo................................... e ....
Data da Primeira Confissão ....../....../.......
Data da Primeira Comunhão ....../....../.......
Meus irmãos: Nome ....Idade............................
       Nome ....Idade............................

....
Assinatura do Catequizando

Primeira etapa
da Catequese Eucarística

1º Encontro

Ao encontro de um grande amigo

"...quem não receber o Reino de Deus como uma criança nunca entrará nele" (Marcos 10,15).

Recado para a minha vida: Jesus é o nosso melhor amigo. Com a catequese vamos conhecê-lo melhor, aprender a falar com Ele, ouvir os seus ensinamentos e saber tudo o que Ele fez. É Jesus quem convida, por meio de pessoas, para os encontros de catequese. Ele ama a todos e sempre mostrou grande amor para com as crianças. Hoje, Ele revela um carinho especial para cada um dos catequizandos presentes neste encontro.

Recordar – O que a nossa vida está dizendo?

- Você tem amigos(as) de verdade?
- O que é ser amigo(a) de verdade?
- Quem convidou você para participar da catequese?
- Essas pessoas que convidaram você são o que de Jesus?
- Sendo pessoas amigas de Jesus, será que elas gostariam que também você fosse amigo(a) d'Ele?

Escutar – O que o texto está dizendo?

Ler Marcos 10,13-16.

Canto de aclamação ao Evangelho (a escolher).

- Quais as pessoas que aparecem no texto?
- O que fizeram os discípulos?
- O que fez Jesus?

Meditar – O que o texto diz para mim?

- Como posso corresponder ao amor de Jesus?
- O que o exemplo de Jesus me ensina?

Rezar – O que o texto me faz dizer a Deus?

Obrigado, Jesus, porque estou na catequese.
Obrigado, Jesus, porque és meu amigo.
Obrigado, Jesus, porque Tu me escolheste.
Obrigado, Jesus, porque Tu nos escolheste.
Obrigado porque Tu me deste novos amigos.
Olha para nós, Jesus, teus amigos e amigas,
que obedecemos ao teu chamado e queremos te conhecer melhor.
Como acolheste as crianças e as abençoaste,
acolhe e abençoa agora cada um de nós aqui presente
para que estejamos sempre juntos de ti
e nos alegremos em ser teus amigos. Amém!

Contemplar – Olhar a vida como Deus olha

Vamos ficar em silêncio, enquanto observamos o desenho de Jesus com as crianças que está no início deste encontro. Imagine-se agora recebendo um abraço do próprio Jesus. Ao final, você receberá um abraço do seu catequista.

Compromisso – O que a Palavra de Deus me leva a fazer?

Vou escrever o que farei para ficar unido a Jesus.

> **Lembrete:** Vou perguntar aos meus pais como eles escolheram o meu nome. No próximo encontro, eu deverei contar a todos como foi isso.

2º Encontro

Deus me chama pelo nome
"...os nomes de vocês estão escritos nos céus" (Lucas 10,20).

Recado para a minha vida: Antes do nosso nascimento, Deus já nos conhecia. Ele olhou para cada um de nós com muito amor e carinho. Nossa vida e história estão na mente e no coração de Deus. Seja como for a história de cada pessoa, ela está na mente e no coração de Deus. Ele sabe da existência de cada um de nós, conhece-nos e nos chama pelo nome, a cada dia, a toda hora. Deus não esquece as pessoas, ama-as, ouve-as e está sempre presente nelas, com seu amor eterno. Jesus, que é Filho de Deus e um amigo muito especial, disse: "...os nomes de vocês estão escritos nos céus" (Lucas 10,20). O nome supõe relação pessoal de intimidade e de comunhão.
O Bom-Pastor conhece as suas ovelhas pelo nome (João 10,3).

Recordar – O que a nossa vida está dizendo?
- O que você sente quando alguém o chama carinhosamente pelo seu nome?
- E se quem o chama é alguém que o ama muito você atende? Por quê?

Escutar – O que o texto está dizendo?
Ler Isaías 43,1-2.
Canto: "Tua Palavra é lâmpada para os meus pés, Senhor".

- No texto que acabamos de ouvir, quem está falando?
- Para quem está falando?
- Como o nome de Deus aparece?
- Como Deus chama?

Meditar – O que o texto diz para mim?
- O que significa quando Deus me chama pelo nome?
- Quando eu percebo que eu sou de Deus e que Ele me ama?

Rezar – O que o texto me faz dizer a Deus?
Vamos agradecer a Deus, porque Ele nos chamou pelo nome, nos ama, protege e porque nós somos dele.

Oração

Deus Pai! Eu te agradeço,
porque Tu me amas
e me chamas pelo nome.
Que lindo é ter um nome e pertencer a ti!
Tu me queres bem como filho.
Obrigado, Deus Pai, pelo chamado
e pelo nome que recebi dos meus pais.

Contemplar – Olhar a vida como Deus olha
Em silêncio, leia a frase: "Os nomes de vocês estão escritos nos céus!". Imagine seu nome sendo pronunciado por Deus e escrito no livro da vida. Em círculo, começando pelo catequista, cada um diz o nome de quem está à sua direita e a cada nome pronunciado todos repetem: "O seu nome está escrito no céu".

Compromisso – O que a Palavra de Deus me leva a fazer?
Vou levar a minha estrela para casa e receber outra de um dos meus amigos. Escreverei os nomes das pessoas que amo e do colega com o qual partilhei a história do meu nome. Durante a semana vou ficar atento para não chamar ninguém pelo apelido, provocando humilhação.

3º Encontro

Eu, teu Deus, te chamo, quero falar-te. Escuta-me!
"Fala, Senhor, que o teu servo escuta" (1º Livro de Samuel 3,9).

Recado para a minha vida: Deus nos ama, nos chama pelo nome e quer falar a nós de muitas maneiras: pela sua Palavra, pelas pessoas e pelos acontecimentos. Ele deseja estabelecer uma relação conosco. Quer ser nosso amigo. Ele está em todo lugar, perto de cada pessoa. Chamou também Samuel de forma insistente, até ser percebido por Ele. Deus nos ama como ama seu Filho Jesus.

Recordar – O que a nossa vida está dizendo?
- Ao ser chamado por alguém, você responde imediatamente? Por quê?
- Quem conhece alguém que foi chamado a realizar algo importante na comunidade?
- O que você sente quando alguém chama você para realizar alguma coisa?
- Como você responde quando alguém que o ama muito o chama?

Escutar – O que o texto está dizendo?
Ler 1º Livro de Samuel 3,1-10.
Canto: "Fala, Senhor, fala da vida".

Em seguida, o texto pode ser encenado:
Personagem 1- Samuel
Personagem 2- Eli
Personagem 3- A voz de Deus

3- Ouve-se a voz de Deus chamar: "Samuel! Samuel!".
1- Samuel se levanta com prontidão, dá passos confusos e, dirigindo-se a Eli, diz: "Estou aqui. O senhor me chamou?".
2- Eli responde: "Eu não te chamei, vai deitar-te!".
3- Novamente a voz chama: "Samuel! Samuel!".
1- Samuel se levanta e vai aonde está Eli e diz: "Me chamaste, senhor?".
2- Eli diz: "Eu não te chamei, vai deitar-te!".
3- Pela terceira vez ouve-se a voz: "Samuel! Samuel!".
1- Samuel dirige-se novamente a Eli e diz: "Eis-me aqui!".
2- Eli disse-lhe: "Vá e torna a deitar-te. Se ouvires que te chamam de novo, responde: 'Fala, Senhor, teu servo escuta'". Samuel volta a deitar-se.
3- Deus chama novamente: "Samuel! Samuel!".
1- Abrindo os braços e olhando para o céu, Samuel diz: "Fala, Senhor, que o teu servo escuta".

- Quem chamou Samuel?
- Quantas vezes Samuel ouviu o chamado?
- O que Eli disse a Samuel?
- O que Samuel respondeu ao ser novamente chamado?

Meditar – O que o texto diz para mim?
- Já me senti chamado por Deus?
- Como Deus nos chama?
- Por que Deus me chama?

Rezar – O que o texto me faz dizer a Deus?
Todos nós fomos chamados por Deus para estar na Igreja, na catequese e neste encontro de hoje. O que você quer dizer a Deus porque Ele chama você, ama-o e lhe quer bem?
Vamos ler a frase que está no cartaz: "Fala, Senhor, que o teu servo escuta" (1º Livro de Samuel 3,9).
Façamos silêncio. Agora, reze com o seu catequista:

Querido Deus Pai!
Sei que Tu me amas, me conheces e me chamas a cada instante.
Aquece meu coração e abre os meus ouvidos para sempre ouvir-te.
Se às vezes não te ouço, continua me chamando,
para que eu possa ouvir-te.
Se não respondo na primeira vez, nem na segunda,
não desista de mim!
Abre meu coração e meus ouvidos para escutar a tua Palavra
e para colocar em prática os teus ensinamentos. Isto eu te peço,
por Jesus, teu Filho e nosso Senhor. Amém.

Canto à escolha.

Contemplar – Olhar a vida como Deus olha
Com os olhos fechados, vamos imaginar Samuel atento ao chamado de Deus. Vou escutar Deus chamando a mim também, dizendo: "Eu quero muito bem a você, estou sempre perto. Sempre que você sente vontade de fazer o bem, sou Eu que chamo e quero falar-lhe".

Compromisso – O que a Palavra de Deus me leva a fazer?
Durante a semana, para agradecer ao chamado de Deus, ao acordar vou dizer como Samuel: "Senhor, Tu me chamaste? Eu quero te ouvir! Estou aqui".
Vou combinar com os meus pais para que me ajudem a observar se sou obediente toda vez que for chamado para as coisas boas.

4º Encontro

O jeito de Jesus amar os seus amigos: o Bom-Pastor
"Eu sou o Bom-Pastor: conheço as minhas ovelhas, e as minhas ovelhas me conhecem..." (João 10,14).

Recado para a minha vida: Jesus, quando queria ensinar, utilizava comparações e histórias, chamadas parábolas. O bom pastor é aquele que cuida bem das suas ovelhas. Jesus usou parábolas comparando-se ao pastor e nos comparando às ovelhas. Jesus se revela como o Bom-Pastor. O pastor que cuida das ovelhas serviu como imagem para expressar aquilo que Deus é na sua relação conosco; o cuidado, o carinho e a ternura por nós. O amor que experimentamos em Jesus Cristo nos leva a conhecê-lo como nosso Deus; nossa obediência à voz do Bom-Pastor nos gratifica pelo reconhecimento d'Ele como suas ovelhas.

Recordar – O que a nossa vida está dizendo?
- Quem já viu uma ovelha?
- Qual o papel de um pastor em relação ao rebanho?
- Que pessoas fazem o papel de pastor em nossa comunidade?

Escutar – O que o texto está dizendo?
Ler João 10,11-15.
Canto: "Sou Bom-Pastor".

- O que o texto diz sobre o pastor?
- O que o Bom-Pastor faz por suas ovelhas?
- Por que Jesus é o Bom-Pastor?
- O que o texto diz sobre as ovelhas?

Meditar – O que o texto diz para mim?
- Pensando em Jesus, de que maneira O reconhecemos como o nosso Bom-Pastor?
- Como posso ser uma boa ovelha para ser reconhecido por Ele?
- Que gestos do Bom-Pastor eu posso imitar?
- Como posso imitar o Bom-Pastor em casa, na escola ou na catequese?

Rezar – O que o texto me faz dizer a Deus?
Deus é o nosso Bom-Pastor. Vamos fazer nossa oração pessoal e depois partilhar com algum de nossos colegas.

Rezemos em dois coros o Salmo 23(22).

Contemplar – Olhar a vida como Deus olha
Preste atenção à frase: "Eu sou o Bom-Pastor. Conheço as minhas ovelhas..." (João 10,14).
Vamos olhar para a imagem do Bom-Pastor e identificar-nos com Ele, na generosidade com os pais e colegas e com as pessoas que precisam de cuidado.
Diga aos seus colegas como você se sente ao receber os cuidados de Deus por meio dos pais, professores, catequistas e outros.

Compromisso – O que a Palavra de Deus me leva a fazer?
Vou escrever no meu caderno uma atitude que me torne uma ovelha do rebanho de Jesus, o Bom-Pastor.

5º Encontro

A Bíblia é um livro diferente
"Fica conosco, Senhor!" (Lucas 24,29).

Recado para a minha vida: Observe que, à medida que crescemos, temos oportunidade de conhecer muitos livros. Nós recorremos a eles para nos ensinar e aprofundar conhecimentos e fazer esclarecimentos. A Bíblia é diferente. Reúne vários livros em um só volume. A palavra Bíblia vem do grego *biblios* e quer dizer "coleção de livros", "biblioteca", com livros de todos os tamanhos e formas, escritos por pessoas diferentes e em épocas variadas. São 73 livros, de épocas e estilos diferentes, divididos em duas grandes partes: Antigo Testamento (AT) e Novo Testamento (NT). Os livros do AT foram escritos antes de Jesus Cristo. O NT contém os textos escritos depois de Jesus Cristo. Um se apoia e se realiza no outro. Para escrever a Bíblia muita gente deu sua contribuição: jovens, velhos, pescadores, pais e mães de família, agricultores, pessoas de várias profissões, pessoas instruídas, que sabiam ler e escrever, e gente simples que só sabia contar histórias, pastores, sacerdotes, apóstolos e evangelistas. A Bíblia é um livro importante para nossa vida.

Não foi escrita de uma só vez; levou muito tempo. Sua narrativa teve início mais ou menos 1.250 anos antes de Cristo, e o ponto final só foi colocado cem anos depois do nascimento de Jesus. Não foi escrita no mesmo lugar, mas em muitos lugares e países. A Bíblia foi escrita em três línguas diferentes: hebraico, grego e aramaico. Traz a marca de vários países. Os costumes, as culturas, as religiões, a situação econômica, social e política de todos esses povos deixaram marcas na Bíblia e tiveram a sua influência na maneira de a Bíblia apresentar a mensagem de Deus às pessoas.

A Bíblia foi escrita não como um relato histórico, como entendemos hoje, mas para manter o povo na caminhada da fé, no Deus sempre presente, salvador e libertador do seu povo. Deus se revela pelas Sagradas Escrituras, mas também pela criação e pelos acontecimentos da história. É Ele quem nos fala por meio das Escrituras. Porém, ao se comunicar, Ele não nos transmite apenas mensagens. Comunica a sua própria Vida, revelação de Deus. A Bíblia tem 73 livros, mas o tema que atravessa todas as suas páginas é Jesus Cristo. Tudo o que foi escrito se refere a Jesus e tem nele o seu pleno cumprimento. Jesus é a Palavra encarnada de Deus. É a própria Palavra de Deus para nós. Ele nos fala quando nos reunimos no seu Corpo, a Igreja. Por isso, a leitura bíblica feita na comunidade deve ser preferida, pois em comunidade o próprio Jesus "nos revela as Escrituras e parte o pão para nós".

Como encontrar um texto na Bíblia?
Observe o cartaz. As citações são encontradas na Bíblia assim, por exemplo: Lucas 24,13-35. Isso quer dizer: Evangelho de Lucas, capítulo 24, versículos 13 a 35. Os capítulos são os números maiores; os versículos, os menores. Portanto a vírgula (,) separa os capítulos dos versículos, e o hífen (-) liga uma sequência de versículos, sem necessidade de escrever todos eles.

Recordar – O que a nossa vida está dizendo?

- Você já recebeu uma mensagem por carta, um cartão ou um *e-mail*? O que estava sendo comunicado nessas correspondências?
- Como Deus faz para se comunicar conosco? O que Deus nos comunica?
- Qual o melhor ambiente para ouvir as Sagradas Escrituras e para encontrar a Palavra de Deus?

Escutar – O que o texto está dizendo?

Ler Lucas 24,13-35.
Canto: "Pela Palavra de Deus".

- De quem o texto está falando?
- Como Jesus ajudou os dois discípulos a entenderem os acontecimentos da sua paixão e morte?
- Como os discípulos se sentem depois que os seus olhos se abrem?

Meditar – O que o texto diz para mim?
- Por que ler a Bíblia é importante para mim?
- O que Jesus quer me ensinar quando eu leio a Bíblia?

Rezar – O que o texto me faz dizer a Deus?
Enquanto todos cantam uma música que fale da Palavra de Deus, aproxime-se da Bíblia junto com os seus colegas. Faça um gesto de carinho e de respeito para com o Livro Sagrado. Depois, rezem juntos.

Oração
Senhor, nós te pedimos:
coloca em nossos corações um grande amor pela tua Palavra revelada na Bíblia.
Ela é força que muda a nossa vida, é a carta que foi enviada para todas as pessoas.
Pela Bíblia nós nos encontramos com a tua Palavra Encarnada, Jesus!
Por esta Palavra que é Jesus, nós te louvamos e te bendizemos!
Amém.

Contemplar – Olhar a vida como Deus olha
Coloque-se numa posição confortável, feche os olhos, e crie em sua mente as imagens que o catequista sugerir. Vamos imaginar Jesus em nosso meio. Ele nos reúne à sua volta e conversa conosco num diálogo amigável, alegre e participativo. Mas chega a sua hora de partir. Então, Ele abre a Bíblia e nos convida a colocar nossas mãos sobre ela. Ele continuará a nos falar pela Bíblia, sobretudo quando nos reunimos em comunidade. Pela Bíblia Jesus mostra o amor de Deus Pai por todos nós.

Compromisso – O que a Palavra de Deus me leva a fazer?
Com a ajuda dos meus pais, durante a semana eu vou desenhar no caderno uma Bíblia e escrever esta frase: "A Bíblia contém a mensagem de Deus para mim". Depois, quero ouvir outra vez o texto que foi lido no encontro (Lucas 24,13-35).

> **Lembrete:** Trazer um lanche para partilhar com os colegas, no próximo encontro.

Segunda etapa
da Catequese Eucarística

6º Encontro

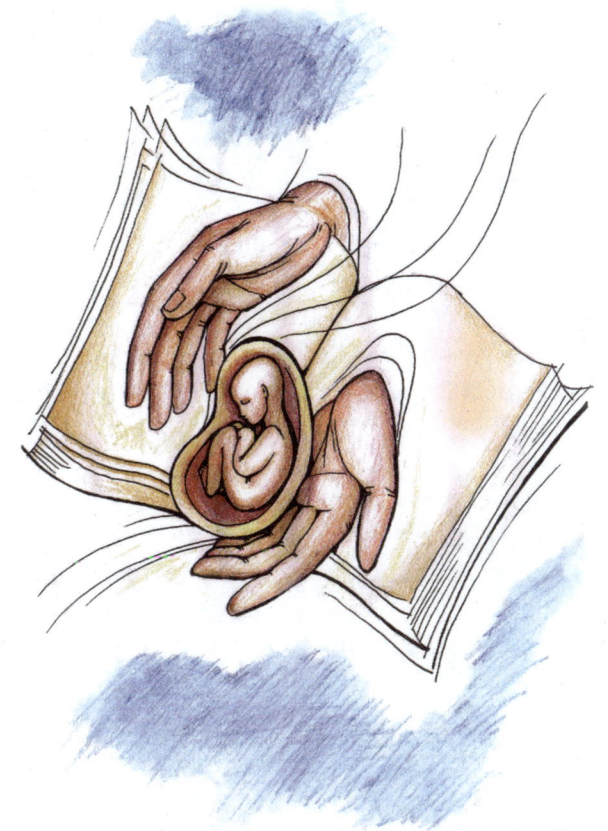

A Bíblia: um livro no qual Deus revela o seu amor

"Sim, esta palavra está ao seu alcance: está na sua boca e no seu coração, para que você a coloque em prática" (Deuteronômio 30,14).

Recado para a minha vida: Deus nos fala por meio da Bíblia. Ela contém a revelação de Deus. A Bíblia ilumina os acontecimentos de hoje e nos ajuda a interpretá-los. Ela nos abre o coração e nos coloca em atitude de oração, ação de graças, adoração, louvor, pedido de perdão e súplica.

Podemos ler a Bíblia de muitas maneiras. A Leitura Orante da Bíblia é uma delas. Vamos aprofundá-la, seguindo estes passos:

Recordar – O que a nossa vida está dizendo?
Observar a realidade da nossa vida e da comunidade.

Escutar – O que o texto está dizendo?
Iniciamos a leitura do texto bíblico para descobrir o que o texto está dizendo.

Meditar – O que o texto diz para mim?
Agora, na meditação, nós vamos ouvir o que Deus está dizendo para a nossa vida e para a nossa realidade pessoal, comunitária e social, por meio do texto lido. A me--ditação ajuda a perceber que o próprio Deus nos fala pela Bíblia.

Rezar – O que o texto me faz dizer a Deus?
Assim, temos aqui o momento da oração que nasce da escuta atenta da Palavra de Deus. É a hora do diálogo, do encontro pessoal com Deus e de expressar os sentimentos de perdão, louvor, intercessão, súplica e clamor. Podemos formular preces espontâneas, rezar salmos e hinos em relação com o texto meditado. A oração está presente desde o início, mas agora é um momento especial.

Contemplar – Olhar a vida como Deus olha
Mediante o texto lido, contemplar é perceber as maravilhas que Deus fez em nós e por nós, é reconhecer que Deus é bom e nos conduz à vida. É notar Deus agindo na vida da gente e perceber seus grandes feitos. Esse momento é de pura gratuidade.

Compromisso – O que a Palavra de Deus me leva a fazer?
O compromisso indica uma ação concreta e nos compromete com a transformação da realidade que a Palavra mostra. Portanto, com passos firmes pela trilha que este manual sugere, contemos com a luz divina para chegarmos a Jesus Cristo, perfeito e definitivo Caminho que conduz a Ele, que se identificou também como Verdade e Vida. Vamos fazer uma experiência?

Recordar – O que a nossa vida está dizendo?
- Você conhece alguém que gosta de ler a Bíblia?
- Na comunidade, onde e quando a Bíblia é lida?

Escutar – O que o texto está dizendo?
Ler Deuteronômio 30,11-14.
Canto: "Ao Criador".

- Do que fala o texto que acabamos de ouvir?
- Qual o mandamento, a ordem de Deus para nós?

Meditar – O que o texto diz para mim?
- Onde devo guardar a Palavra de Deus?
- O que essa Palavra me anima a fazer?

Rezar – O que o texto me faz dizer a Deus?
Escolha um versículo do texto lido. Em silêncio, cada um vai elaborar uma prece a Deus, baseando-se no versículo escolhido. Um exemplo: no versículo 14 está escrito: "Sim, esta Palavra está ao teu alcance...". Você poderá rezar assim: "Senhor, eu te agradeço, porque a tua Palavra está bem perto de mim".

Contemplar – Olhar a vida como Deus olha
Quando o catequista indicar, coloque a sua Bíblia próxima à vela. Enquanto os seus colegas fazem o mesmo, todos cantam uma canção dirigida à Palavra de Deus.

Compromisso – O que a Palavra de Deus me leva a fazer?
O catequista indicará a você as leituras do próximo domingo. Durante a semana, localize os textos em sua Bíblia e, com a ajuda de alguém da sua família, leia os textos indicados.

A criação: sinal do amor e da bondade de Deus

"Deus criou a pessoa humana à sua imagem e semelhança" (Gênesis 1,27).

Recado para a minha vida: Deus comunica a própria vida mediante a natureza. Ele se manifesta na criação, que é sua obra. Toda a criação é marcada pelo amor de Deus: ao criar o homem e a mulher à sua imagem e semelhança, põe-se em diálogo com eles e lhes dá uma missão e uma responsabilidade: cuidar da obra da criação e continuá-la.
Deus quer que cada pessoa tenha vida abundante, seja feliz e livre. Por isso, nos deu inteligência, vontade e liberdade. Por causa de nossa inteligência, podemos reconhecer que Deus nos ama; sabemos que Ele existe e sentimos que Ele nos chama para sermos felizes em sua companhia. Temos liberdade e por isso podemos escolher entre o bem e o mal. Deus criou o homem e a mulher iguais em dignidade e direitos, cada um com sua especificidade. A vida vem do amor de Deus. Todos são chamados a um compromisso com a obra da criação: defender a vida e cuidar dela.
A criação tem o seu ponto alto na ressurreição de Jesus. Ao vencer a morte, Jesus recria a vida do universo e tudo passa a ter sentido e colorido novos, pois Jesus ressuscitou, e com Ele ressuscitamos a cada dia.

Recordar – O que a nossa vida está dizendo?

- Como a nossa comunidade está conservando a vida da natureza e cuidando dela?
- Você conhece alguém que se empenha no cuidado das pessoas ou da natureza?
- Em minha casa e por onde passo, como tenho manifestado o meu cuidado para com toda a obra da criação?

Escutar – O que o texto está dizendo?

Ler Gênesis 1,1-27.
Canto: "Fala, Senhor; fala da vida".

- O que Deus disse ao criar o homem e a mulher?
- E como Deus se sentiu quando concluiu toda a obra da criação?

Meditar – O que o texto diz para mim?

- O que significa dizer que somos criados à imagem e semelhança de Deus?
- Como posso cuidar das maravilhas criadas por Deus e, em especial, de minha vida?

Rezar – O que o texto me faz dizer a Deus?

Vou rezar (ou cantar) o Salmo 8 da Bíblia, que está no Antigo Testamento. Quando terminar, vou rezar:

Oração

Ó Pai, é nosso dever vos dar graças,
é nossa salvação dar glória.
Só Vós sois o Deus vivo e verdadeiro,
que existis antes de todo o tempo.
Porque sois o Deus de bondade e a fonte da vida,
fizestes todas as coisas para cobrir de bênçãos as vossas criaturas
e a muitos alegrais com a vossa luz. Por Cristo, Nosso Senhor. Amém!
(Prefácio da Oração Eucarística IV)

Contemplar – Olhar a vida como Deus olha

Agora vamos sair da sala para explorar o ambiente. Vou observar a natureza, perceber as suas cores, sentir os seus perfumes, olhar o céu, o sol ou a chuva e tocar a terra. Ao sinal do catequista, vamos retornar à sala para continuar a nossa reflexão.

Compromisso – O que a Palavra de Deus me leva a fazer?

Todos os dias, ao acordar pela manhã, vou agradecer a Deus porque a vida recomeçou com o nascer do sol, com o despertar das pessoas e das demais criaturas, com o trabalho e as brincadeiras. Vou agradecer também porque Jesus ressuscitou e com a sua ressurreição toda a criação foi renovada.

8º Encontro

Deus propõe à pessoa humana uma aliança de amor
"Estabeleço minha aliança com vocês e seus descendentes" (Gênesis 9,11).

Recado para a minha vida: A aliança não tem começo nem fim. O amor de Deus para com a criatura humana é a sua aliança fiel. A aliança é sempre sinal de amor, de compromisso e de vida. Toda vez que a criatura humana quebra a aliança, ela encontra a morte. Toda vez que Deus propõe alguma aliança, Ele recria e recomeça a vida. Em Jesus, Deus estabeleceu uma Aliança eterna com o seu povo, a qual não pode mais ser rompida. O relato de Noé, como novo começo, é símbolo da vida nova que se vai realizar para sempre em Jesus.

Recordar – O que a nossa vida está dizendo?
- Seus pais usam alguma aliança (anel de casamento)? O que ela significa?
- Quais são os sinais da aliança de fidelidade que nós encontramos na comunidade?
- Quais são as atitudes de fidelidade que nós praticamos na família?

Escutar – O que o texto está dizendo?
Ler Gênesis 9,8-13.
Canto: "Eu vim para escutar".

- Quem está falando no texto?
- Sobre o que Deus está conversando com Noé?
- O que o texto diz a respeito da aliança?

Meditar – O que o texto diz para mim?

- O que acontece quando eu aceito a aliança de amor que Deus faz comigo?
- O que acontece quando eu a rejeito?

Rezar – O que o texto me faz dizer a Deus?
Deus é fiel, Ele ama e está sempre pronto a nos perdoar. Vamos rezar ou cantar juntos o Salmo 136(135).

Contemplar – Olhar a vida como Deus olha
Vamos nos colocar nas mãos de Deus. Respirando pausada e profundamente, em silêncio, pensemos em Deus Pai, sempre fiel, e que deseja manter sua Aliança conosco, por meio de Jesus.

Compromisso – O que a Palavra de Deus me leva a fazer?
Para manter viva a minha aliança com Deus, eu preciso me esforçar e viver as virtudes de um bom cristão. Vou escolher uma das virtudes que o catequista sugerir, escreverei em meu caderno e pedirei à minha família que me ajude a vivê-la durante a semana.

9º Encontro

A quebra da aliança
Deus é misericordioso e está sempre disposto a renovar sua aliança conosco.

Recado para a minha vida: Desde a sua criação, a criatura humana é destinada a ser feliz. Mas pode decidir entre fazer o bem ou o mal, entre escutar a Deus e seguir os seus mandamentos, ou não escutá-lo, desobedecendo-o. Quebramos a aliança quando nos recusamos a cumprir a vontade de Deus, quando fugimos ao compromisso da vida cristã, quando fazemos conscientemente o mal – egoísmo, desrespeito, injustiça, corrupção, exploração, desigualdade, mentira, violência, preguiça... Pecado é tudo o que destrói a vida. Mas ainda maior que o pecado é a bondade e a fidelidade de Deus. Em seu amor infinito, Ele nos enviou o seu Filho para nos libertar do pecado e da morte. Jesus deu a sua vida, para que o pecado e a morte acabassem e para que seguíssemos o caminho de Deus.

Recordar – O que a nossa vida está dizendo?
- Que situações provocam bem-querer entre as pessoas?
- Que situações levam ao afastamento entre as pessoas?

Escutar – O que o texto está dizendo?
Ler Gênesis 3,1-13.
Canto: "Escuta, Israel...".

- O que o texto está contando?
- Qual foi o pecado de Adão e Eva?

Meditar – O que o texto diz para mim?
Quais são as minhas atitudes que representam a quebra da aliança?

Rezar – O que o texto me faz dizer a Deus?
Pedir a misericórdia de Deus sobre nós e a nossa família (oração individual).

Contemplar – Olhar a vida como Deus olha
Diante do amor misericordioso de Deus, vou olhar a minha vida e perceber a misericórdia de Deus, que me perdoa sempre.

Compromisso – O que a Palavra de Deus me leva a fazer?
Antes de dormir, vou repassar o meu dia como um filme: quais foram as coisas boas que fiz? Quais as coisas que eu deveria ter feito melhor? Vou agradecer a Deus pelas boas ações e pedir perdão pelas más ações, confiando em sua misericórdia.

> **Lembrete:** Trazer, para o próximo encontro, gravuras de Nossa Senhora, fotos de mães de todas as etnias e também de pessoas cuidando de crianças.

10º Encontro

Deus convida Maria para ser a Mãe de Jesus
Deus preparou a sua Mãe para ser também a nossa Mãe.

Recado para a minha vida: Atenta às manifestações de Deus, Maria colocou-se à disposição do Senhor, dizendo: "Faça-se em mim, segundo a tua palavra". A partir daquele momento, Ela assumiu a missão de ser a Mãe de Jesus, com todos os desafios dessa missão. Quando chegou a hora de Jesus tornar pública a sua missão, Maria o acompanhou sempre (cf. João 2,1-25; Marcos 3,33-35; Lucas 11,27-28). Permaneceu aos pés da cruz até o fim (cf. João 9,25) e foi proclamada, por Jesus, mãe da humanidade. Podemos imaginar a alegria de Maria na ressurreição de Jesus. Junto ao grupo dos discípulos, foi uma presença de mãe, ajudando-os a recordar tudo o que Jesus disse e fez (cf. Atos dos Apóstolos 1,14) e recebendo com os discípulos o Espírito Santo. Maria é modelo da Igreja, pois, como ela, a Igreja deve levar Jesus ao mundo.
Por que Maria tem tantos nomes?
Os cristãos de todos os tempos sempre tiveram carinho especial por Maria. Por isso, ela tem inúmeros títulos e nomes, conforme as regiões e culturas onde é venerada. Ela é, porém, a única Mãe de Jesus e nossa Mãe, discípula e missionária. Maria é a nossa intercessora junto a Jesus.

Recordar – O que a nossa vida está dizendo?
- Quais as virtudes de Maria, Mãe de Jesus, que podemos imitar?
- Que imagens de Nossa Senhora conhecemos?
- Quais as mulheres da comunidade que são mães e ainda se dedicam à comunidade?

Escutar – O que o texto está dizendo?
Ler Lucas 1,26-38.
Canto: "Tua Palavra é lâmpada..."

- O que o texto está narrando?
- O que Deus pediu a Maria por meio do Anjo Gabriel?
- O que Maria respondeu?

Meditar – O que o texto diz para mim?
Como escuto a Palavra de Deus no meu dia a dia?
O que posso fazer para gerar no meu coração a presença de Jesus?

Rezar – O que o texto me faz dizer a Deus?

Oração

Querido Deus Pai,
obrigado por Maria, Mãe de Jesus e nossa Mãe.
Ela é a morada especial do teu Espírito Santo.
Ela nos ensina a ser discípulos fiéis de Jesus.
Ela é um sinal materno do teu amor.
Ajuda-nos a ser atentos à tua Palavra,
como Maria quando recebeu a saudação do anjo.
Queremos agora saudar a Mãe de Jesus com a oração da Igreja:

Ave, Maria, cheia de graça,
o Senhor é convosco.
Bendita sois vós entre as mulheres e
bendito é o fruto do vosso ventre, Jesus.
Santa Maria, Mãe de Deus,
rogai por nós, pecadores,
agora e na hora de nossa morte. Amém!

Contemplar – Olhar a vida como Deus olha
Imaginar Maria atenta aos apelos de Deus Pai, recebendo a mensagem do anjo. Imaginar também o olhar carinhoso de Deus com Maria.

Compromisso – O que a Palavra de Deus me leva a fazer?
Rezar com os pais a oração da Ave-Maria.

11º Encontro

João Batista anuncia a vinda de Jesus
João Batista anunciava o Salvador e essa tarefa é também nossa.

Recado para a minha vida: João Batista foi o grande profeta que viveu bem próximo de Jesus e teve a missão de preparar a sua vinda. Não tinha medo de falar a verdade. Denunciava a falsidade, o egoísmo e a injustiça. Anunciava ao povo que a vinda do Messias estava próxima e que, por isso, todos precisavam converter-se e mudar de vida. Precisavam "endireitar" os caminhos, isto é, mudar de vida. O batismo que João realizava no rio Jordão era sinal de mudança de vida. Aos fariseus que impunham leis pesadas ao povo, dizia: "Convertei-vos, pois o Reino de Deus está próximo" (Mateus 3,1-2). Aos cobradores de impostos, pedia a prática da justiça: "Não cobrem nada além da taxa estabelecida" (Lucas 3,13). Aos soldados, pedia que não usassem de violência: "Não maltratem ninguém, não façam acusações falsas" (Lucas 3,14). Ao povo aconselhava a prática da partilha e da fraternidade: "Quem tiver duas túnicas dê uma a quem não tem. Quem tiver comida faça a mesma coisa" (Lucas 3,10-11). João Batista apresentou Jesus ao povo, dizendo: "Eis o Cordeiro de Deus, que tira o pecado do mundo" (João 1,29).

Recordar – O que a nossa vida está dizendo?
• Alguma vez alguém ajudou você a praticar o bem e o alertou para evitar o mal?

Escutar – O que o texto está dizendo?
Ler Lucas 3,10-20.
Canto: Aclamação ao Evangelho (à escolha).

• O que o texto está narrando?
• O que dizia João Batista?
• O que ele fez?

Meditar – O que o texto diz para mim?
Que atitudes de João Batista posso imitar em família, na escola e na comunidade?

Rezar – O que o texto me faz dizer a Deus?
Vou agradecer a Deus por ter escolhido João Batista para preparar a chegada de Jesus.

Oração
São João Batista, pregador da penitência,
Todos: Intercedei a Deus por nós!

São João Batista, que preparaste a vinda de Jesus,
São João Batista, conselheiro da prática da partilha,
São João Batista, atento à revelação de Deus,
São João Batista, homem de fé e coragem,
São João Batista, profeta da justiça,
São João Batista, defensor da verdade,
São João Batista, anunciador de Jesus,
São João Batista, denunciador da falsidade, do egoísmo e da injustiça,
São João Batista, homem de luta contra a religião das aparências.

Contemplar – Olhar a vida como Deus olha
Quero ser um profeta de hoje que mostra aos colegas que é possível sempre dizer a verdade, não excluir ninguém, ser sensível com os que mais sofrem.

Compromisso – O que a Palavra de Deus me leva a fazer?
Em casa, ler com os pais Lucas 3,10-20.

Lembrete: No próximo encontro, trazer roupas para doação.

12º Encontro

Deus Pai envia o seu Filho Jesus
Deus não podia imaginar um presente mais lindo! Jesus se fez um de nós.

Recado para a minha vida: Jesus é um presente que Deus Pai nos deu. Deus sempre nos amou e nos deu Jesus como manifestação de seu grande amor. Jesus se fez homem e se tornou um de nós em tudo, menos no pecado (cf. Hebreus 4,15). Ele nasceu pobre, no meio dos pobres, e os primeiros a visitá-lo foram os pastores de Belém, pessoas pobres e excluídas. Viveu em Nazaré, trabalhando na carpintaria junto com São José, estudando e participando das atividades de sua comunidade. A vinda de Jesus é um presente para nós.

Recordar – O que a nossa vida está dizendo?
- Você conhece alguma criança que não tem berço para dormir?
- Por que damos e recebemos presentes no Natal? O que isso tem a ver com Jesus?
- Quem conseguiu trazer algo para partilhar?

Escutar – O que o texto está dizendo?
Ler Lucas 2,1-12.
Canto: "Eu vim para escutar".

- Do que o texto está tratando?
- Onde Jesus foi colocado?
- Quem recebeu o comunicado do nascimento de Jesus?

Meditar – O que o texto diz para mim?
- Como o texto mostra que Deus me ama?
- O que eu posso aprender dos pastores?

Rezar – O que o texto me faz dizer a Deus?

Louvor a Deus
A Deus, que é nosso Pai, e nos enviou o seu Filho único,
Todos: Glória a Deus!
Por todas as criaturas do Universo,
Todos: Glória a Deus!
Pelas crianças que nascem todos os dias,
Todos: Glória a Deus!
Por Deus, que se fez humano em Jesus,
Todos: Glória a Deus!
Por Jesus, que é Deus perto de nós.
Todos: Glória a Deus!

Contemplar – Olhar a vida como Deus olha
Diante da imagem do Menino Jesus na manjedoura, vamos cantar "Noite feliz".

Compromisso – O que a Palavra de Deus me leva a fazer?
Com ajuda do meu catequista vou ao encontro de pessoas necessitadas para entregar-lhes alguns donativos que recolhi em campanha com os meus colegas de catequese.

13º Encontro

A missão de Jesus: anunciar o Reino de Deus
Vamos conhecer a missão de Jesus?

Recado para a minha vida: A missão de Jesus foi anunciar a Boa-nova: paz, justiça, amor, alegria, partilha, fraternidade e esperança para todos. Jesus ensinou sobre o Reino de Deus, usando gestos, palavras e parábolas. Quem ouvia as parábolas ficava meditando em seu coração a mensagem que Jesus queria transmitir e a resposta de fé que podia dar.

Recordar – O que a nossa vida está dizendo?
- Quais os sinais de paz, justiça, amor, alegria, partilha, fraternidade e esperança que eu consigo perceber em minha família, na escola, e em minha comunidade?

Escutar – O que o texto está dizendo?
Ler Lucas 4,14-22.
Canto: "Vós sois o caminho...".

- O que aconteceu na sinagoga de Nazaré?
- O que diz o texto de Isaías lido por Jesus?
- Quando Jesus acabou de ler o texto, o que ele disse?

Meditar – O que o texto diz para mim?
- O que significa hoje dar vista aos cegos, libertar os prisioneiros e os oprimidos e levar a Boa notícia aos pobres?
- Como posso colaborar com Jesus em sua missão?

Rezar – O que o texto me faz dizer a Deus?

Oração
Senhor Jesus, dá-nos coragem para sermos tuas testemunhas.
Queremos falar de ti, Senhor, para nossos amigos e parentes.
Queremos levar para os pobres uma boa notícia.
E aos que se encontram em dificuldade, que consigamos ajudá-los.

Contemplar – Olhar a vida como Deus olha
Quando Deus olha o mundo, Ele o vê com o olhar de seu Filho Jesus: com compaixão, ternura, amor, igualdade bem-querer. Nós também devemos olhar o mundo assim. Em silêncio, vou imaginar Jesus convidando-me a imitá-lo.

Compromisso – O que a Palavra de Deus me leva a fazer?
Com a ajuda dos meus pais vou escrever o compromisso que assumirei diante da palavra que recebi neste encontro.

14º Encontro

Falar ao Pai como Jesus nos ensinou (Primeira parte do Pai-nosso)
Aprender de Jesus como rezar a Deus Pai.

Recado para a minha vida: Jesus rezava em todos os momentos importantes da sua vida. Ele revelava muito amor ao Pai e rezava antes de qualquer decisão. A oração de Jesus despertou nos apóstolos vontade de rezar. Os apóstolos então pediram a Jesus: "Ensina-nos a rezar", e Jesus ensinou a oração do Pai-nosso.

Recordar – O que a nossa vida está dizendo?
- Você costuma rezar em casa todos os dias?
- Quem ensinou você a rezar?

Escutar – O que o texto está dizendo?
Ler Mateus 6,7-10.
Canto: "Tua Palavra é lâmpada para os meus pés".

- Quem está falando no texto?
- A quem Jesus ensinou a rezar?
- Como Jesus disse que devemos rezar?

Meditar – O que o texto diz para mim?
- O que vou guardar no meu coração do que Jesus falou aos discípulos?
- O que Jesus me ensinou a dizer a Deus Pai?

Rezar – O que o texto me faz dizer a Deus?

Todos cantam: "Pai, Pai, Pai, Pai nosso, que estais no céu".

Contemplar – Olhar a vida como Deus olha
Admirar Jesus que, depois de ficar durante todo o dia com as pessoas, à noite subia a montanha e ali, quando tudo estava em silêncio, rezava a Deus Pai.

Compromisso – O que a Palavra de Deus me leva a fazer?
No decorrer da semana, ao acordar, vou me perguntar: "Estou seguindo os ensinamentos de Jesus que recebo na catequese?".
E também rezarei frequentemente o Pai-nosso.

15º Encontro

Pedir ao Pai, como Jesus ensinou (Segunda parte do Pai-nosso)
Aprender de Jesus o que pedir a Deus Pai.

Recado para a minha vida: A oração foi importante na vida de Jesus e é importante também em nossa vida. Jesus nos ensinou como devemos rezar e o que devemos pedir. A segunda parte do Pai-nosso apresenta quatro pedidos: o sustento para o dia a dia (o pão nosso de cada dia nos dai hoje); o perdão (perdoai-nos as nossas ofensas, assim como nós perdoamos a quem nos tem ofendido); a proteção (e não nos deixeis cair em tentação); e a libertação do mal (mas livrai-nos do mal).

Recordar – O que a nossa vida está dizendo?
- O que normalmente pedimos a Deus?

Escutar – O que o texto está dizendo?
Ler Mateus 6,11-13.
Canto: "Fala, Senhor, pela Bíblia".

- Que pedidos estão escritos no texto?
- Quantos são os pedidos que o texto apresenta?
- Quais as verdadeiras necessidades que a oração nos mostra?

Meditar – O que o texto diz para mim?
- O que os pedidos da segunda parte do Pai-nosso têm a ver com a nossa vida?
- Por que devemos perdoar?
- Percebo que ao falar com Deus, Ele está falando comigo?

Rezar – O que o texto me faz dizer a Deus?

Oração

Senhor, te pedimos:
o pão da amizade,
o pão do perdão,
o pão da ajuda mútua,
o pão da partilha e
o pão da fortaleza, para que saibamos
te encontrar em todos os momentos do dia.
Deus Pai, ajuda-nos a rezar como Jesus nos ensinou,
assim Tu estarás contente conosco.
Isto te pedimos por Jesus, teu Filho,
que contigo vive e reina pelos séculos dos séculos.
Amém.

Contemplar – Olhar a vida como Deus olha
De olhos fechados, vou imaginar Jesus falando com Deus Pai. Vou falar com Deus como Jesus falava. Cantar baixinho o seguinte refrão do canto: "Fala, Senhor meu Deus, eu quero te escutar".

Compromisso – O que a Palavra de Deus me leva a fazer?
Com a ajuda dos meus pais, vou ler o Evangelho de Mateus 6,6-15 e depois rezar o Pai-nosso.

16º Encontro

No Pai-nosso, Jesus nos ensina a perdoar
Aprender a perdoar com Jesus.

Recado para a minha vida: Deus está sempre disposto a perdoar. Como é bom perdoar e ser perdoado. O perdão engrandece a pessoa. Jesus falou muitas vezes sobre o perdão e perdoou a muitos pecadores que se aproximaram d'Ele. O perdão que damos segue o modelo de Jesus. O dom do perdão é divino. É Deus agindo em nós.

Recordar – O que a nossa vida está dizendo?
- Por que ser perdoado nos deixa alegres?
- Por que a falta de perdão nos deixa tristes?
- Você já deu e recebeu o perdão?
- Você conhece histórias de perdão em nossa comunidade?

Escutar – O que o texto está dizendo?
Ler Mateus 6,14-15.
Canto: "Aleluia, aleluia, aleluia. Jesus vai falar".

- O que Jesus disse no texto?
- Por que devemos perdoar?

Meditar – O que o texto diz para mim?
- Vou me colocar nas mãos de Deus e agradecer-lhe pelas vezes que recebi o perdão e perdoei alguém.

Rezar – O que o texto me faz dizer a Deus?
Com a vela acesa na mão, vamos cantar: "Perdoai-nos, ó Pai, as nossas ofensas". Em seguida, rezemos juntos e lentamente, repetindo várias vezes:

Senhor, tende piedade de nós;
Cristo, tende piedade de nós;
Senhor, tende piedade de nós.

Contemplar – Olhar a vida como Deus olha
Com os olhos fechados e as palmas das mãos abertas em atitude de quem está recebendo algo, direi a Deus: "Perdoai-nos as nossas ofensas, assim como nós perdoamos a quem nos tem ofendido". Em atitude de fé, com as mãos postas, arrependido, acolherei de Deus o perdão das ofensas que cometi.

Compromisso – O que a Palavra de Deus me leva a fazer?
Durante a semana, lerei com os meus pais o que está escrito no coração feito de cartolina que recebi do catequista.

17º Encontro

Jesus é traído, preso, torturado, julgado e condenado
Jesus sofreu e morreu para nos salvar.

Recado para a minha vida: Jesus passou a sua vida na terra fazendo o bem, curando os doentes, confortando os aflitos, perdoando os pecadores, amando e ensinando o bem a todos. Passou a sua vida dizendo sempre "sim" a Deus Pai. Jesus se entregou à morte, e morte na cruz, para nos salvar. O amor dá à cruz um sentido novo e verdadeiro. Jesus foi traído, preso, torturado, julgado, condenado. Jesus morreu para nos dar a vida. Ele mesmo disse: "Eu sou o pastor que dá a vida pelas ovelhas". O mistério central da nossa fé é a vida, a paixão, a morte e a ressurreição de Jesus.

Recordar – O que a nossa vida está dizendo?
- Quais sofrimentos a nossa comunidade está enfrentando?
- Conheço pessoas que estão passando por algum tipo de sofrimento?
- Por que as pessoas boas sofrem?

Escutar – O que o texto está dizendo?
Ler Lucas 23,1-56.
Canto: "Pela Palavra de Deus".

- O que o texto está narrando?
- Quais os personagens que aparecem no texto?
- Como o texto descreve as atitudes de Jesus ante a condenação e a morte?

Meditar – O que o texto diz para mim?
- O que o texto me faz perceber?
- Por que Jesus aceitou sofrer por nossa causa?

Rezar – O que o texto me faz dizer a Deus?
Quero aproximar-me agora da cruz de Jesus. Foi ela que me salvou. Quando Jesus deu a sua vida por mim, ele perdoou os meus pecados e me libertou da morte. Vou tocar na cruz do Senhor, e agradecer a Jesus o seu amor por mim, dizendo: "Obrigado, Jesus, Você deu sua vida para nos salvar".

Olhando agora para a grande vela acesa, vou rezar com meus colegas o Salmo 91(90).

Contemplar – Olhar a vida como Deus olha
Olhando para Jesus, pregado na cruz, lembremos que ele foi preso, torturado, condenado, morto numa cruz para nos dar vida nova. Lembre-se: Jesus veio para servir e para dar a sua vida em nosso favor.

Compromisso – O que a Palavra de Deus me leva a fazer?
Esta semana vou procurar alguém que eu conheça que está passando por algum sofrimento. Vou procurar ajudar essa pessoa na medida de minhas possibilidades. Pedirei aos meus pais que me ajudem nessa tarefa.

18º Encontro

Jesus morreu e ressuscitou
Jesus morreu e ressuscitou por amor a nós.

Recado para a minha vida: Todas as vezes que, confiantes, colocamos a dor, o sofrimento, a tristeza, a alegria, a fé, a esperança e o amor nas mãos misericordiosas e transformadoras de Deus, estamos vivendo a ressurreição. Então ressuscitar é transformar o que representa situações de morte em vida. Os discípulos ficaram cheios de alegria ao verem o Ressuscitado. O primeiro fruto do reconhecimento do Ressuscitado é a alegria; uma alegria antes nunca experimentada, que nasce da experiência do encontro com Jesus. A ressurreição de Jesus trouxe vida nova para todos e nos ensina que podemos vivê-la. A certeza de que Jesus vive e está sempre presente em nossa vida nos dá alegria e coragem para continuar a missão d'Ele.

Recordar – O que a nossa vida está dizendo?
- Existem pessoas em nossa comunidade que ajudam a transformar as situações de tristeza em alegria? Doença em saúde? Ódio em amor?
- Quais as ações boas que você já realizou na sua vida e que significam ressurreição?

Escutar – O que o texto está dizendo?
Ler João 20,11-18.
Canto: "O Senhor ressurgiu".

- O que o texto está dizendo?
- Por que Maria foi cedo ao sepulcro e ficou chorando?
- Quem estava no sepulcro?
- O que falaram os anjos?
- O que Maria disse?
- Quem Maria pensou que era Jesus?
- Onde estava o jardineiro?
- O que o jardineiro perguntou?
- Como Maria reconheceu Jesus?
- O que Maria quer fazer com Jesus?
- O que Jesus mandou Maria fazer?

Meditar – O que o texto diz para mim?
- Como eu posso sentir a presença de Jesus ressuscitado?
- Como o texto do Evangelho me ajuda a entender a ressurreição de Jesus?

Rezar – O que o texto me faz dizer a Deus?
Ao redor do círio pascal (ou de uma vela acesa) todos cantaremos a nossa fé na ressurreição de Jesus.

Contemplar – Olhar a vida como Deus olha
Vamos fazer um passeio imaginário em um jardim bonito e ensolarado. É o jardim da nossa vida. Lá encontramos Jesus. O que vou falar para Ele? O que Ele me pede? Como vou falar d'Ele para os meus colegas, pais e irmãos? Agora vamos abrir os olhos, ficar de pé e nos espreguiçar. Enquanto cantamos, abracemos nossos amigos e amigas.

Compromisso – O que a Palavra de Deus me leva a fazer?
Com a ajuda dos meus pais, vou escrever uma boa ação que eu quero realizar esta semana e que represente ressurreição em minha vida.

19º Encontro

A vida de Jesus continua em nós pelo Espírito Santo
Jesus ressuscitou e enviou o Espírito Santo para continuar em nós a sua missão.

Recado para a minha vida: Jesus disse: "Vou enviar a vocês o Espírito Santo, que ficará sempre convosco" (João 14,16). Jesus também afirmou: "Estarei convosco até o fim do mundo" (Mateus 28,20). Hoje Jesus se faz presente em nossa vida, embora de modo invisível, pela ação do Espírito Santo, que renova, dá vida e nos anima a continuar a missão de Jesus. Quando somos batizados, recebemos o Espírito Santo e, por essa graça santificadora, comprometemo-nos com a missão do anúncio da Boa-nova do Reino, que purifica, cura, liberta e salva.

Recordar – O que a nossa vida está dizendo?
Vamos conversar em grupo a respeito da função do elemento fogo na vida das pessoas e da sociedade.

- O que ele significa?
- Como vemos o fogo ser utilizado?

Escutar – O que o texto está dizendo?
Ler Atos dos Apóstolos 2,1-4.
Canto: "Vem, Espírito Santo".

- Onde estavam os discípulos de Jesus e o que eles estavam fazendo?
- O que aconteceu quando os discípulos e Nossa Senhora estavam reunidos no Cenáculo?
- O que o texto diz a respeito do Espírito Santo?

Meditar – O que o texto diz para mim?
- Quando o Espírito Santo vem a nós?
- Quais são os sinais da presença do Espírito Santo em nosso meio?

Rezar – O que o texto me faz dizer a Deus?
Após cada estrofe, todos repetem o refrão.

Salmo 104(103)

Quando Tu, Senhor, teu Espírito envias,
Todo mundo renasce, é grande a alegria.

Ó minha alma, bendize ao Senhor:
ó Deus, grande em poder e amor.
Esplendor de tua glória reluz,
e o céu é teu manto de luz.

Firme e sólida a terra fundaste,
com o azul do oceano enfeitaste!
E rebentam tuas fontes nos vales,
correm as águas e cantam as aves.

Oração
Vinde, Espírito Santo, enchei o coração dos vossos fiéis
e acendei neles o fogo do vosso amor.
Enviai o vosso Espírito e tudo será criado.
E renovareis a face da terra.

Contemplar – Olhar a vida como Deus olha
Vou contemplar a voz de Jesus que disse: "O Espírito Santo descerá sobre vocês e dele receberão força para serem minhas testemunhas" (Atos dos Apóstolos 1,8). O catequista ungirá a mim e aos meus amigos com o óleo perfumado e dirá: "Que o perfume do Espírito de Jesus Ressuscitado se espalhe em tua vida, como o perfume deste óleo".

Compromisso – O que a Palavra de Deus me leva a fazer?
Rezar com os pais a oração ao Espírito Santo (ver p. 112).

Lembrete: Para o próximo encontro, trazer pão para um momento de partilha.

20º Encontro

A missão de Jesus continua na comunidade de fé, vida e amor

Jesus ressuscitado enviou o Espírito Santo à Igreja para continuar a sua missão.

Recado para a minha vida: A Igreja é o povo de batizados que, animados pelo Espírito Santo, Espírito de Jesus, ajudam uns aos outros na vivência do compromisso de cristãos, na igualdade, na justiça, no amor, na solidariedade e na partilha. Os primeiros cristãos viviam unidos, tinham tudo em comum e todos tinham o necessário. Eram perseverantes em ouvir os ensinamentos dos Apóstolos. Assim nasceu a Igreja, comunidade de fé, vida, amor e solidariedade.

Recordar – O que a nossa vida está dizendo?
- O que posso fazer em minha comunidade para que ela seja um lugar de fé, vida e amor?

Escutar – O que o texto está dizendo?
Ler Atos dos Apóstolos 4,32-35.
Canto: "E todos repartiam o pão".

- O que o texto fala das primeiras comunidades cristãs?
- Como elas viviam? O que faziam?
- O que o texto me diz a respeito das pessoas necessitadas?

Meditar – O que o texto diz para mim?
- Quero ser uma pessoa alegre porque Jesus ressuscitou e nos enviou o Espírito Santo.

Rezar – O que o texto me faz dizer a Deus?

Oração
Senhor, eu vos agradeço por pertencer à vossa Igreja.
A Palavra de Deus me mostrou que na comunidade
professamos a mesma fé no Pai, no Filho e no Espírito Santo.
Dai-me a coragem dos Apóstolos e dos primeiros cristãos.
Quero colaborar para que a minha comunidade
viva unida na fé, na comunhão e na oração.
Isto eu vos peço, Senhor Jesus,
que viveis e reinais para sempre. Amém.

Canto: "E todos repartiam o pão".

Contemplar – Olhar a vida como Deus olha
Olhando para a mesa, lembro-me da graça de Deus presente em minha vida e de quantas pessoas foram necessárias até que o alimento chegasse até aqui: a mão do agricultor, a mão de quem amassou o pão, as pessoas que venderam o pão, os pais que trabalharam para poder comprar o pão... Todo esse trabalho humano é abençoado por Deus quando partilhamos o que temos e o que somos. Ser Igreja é ser capaz de colocar em comum tudo aquilo que recebemos de Deus como um dom de sua graça. Antes de nos alimentar, vamos rezar juntos a oração do Pai-nosso.

Compromisso – O que a Palavra de Deus me leva a fazer?
Vou escrever um compromisso que assumirei, seguindo o exemplo dos primeiros cristãos.
De hoje em diante, sempre que eu me reunir com os meus pais, à mesa da refeição vou convidá-los para, em família, agradecermos pelos alimentos.

21º Encontro

O Credo é o texto básico da fé
No Credo manifestamos a nossa fé em Deus Pai, Filho e Espírito Santo.

Recado para a minha vida: Rezar o Credo é dizer sim a Deus e n'Ele depositar irrestritamente a nossa confiança e o nosso amor. A oração do Credo resume a fé que os cristãos professam em Deus. O Credo é proclamado nos domingos e dias de festa como a melhor resposta da comunidade diante da Palavra de Deus. A comunidade é o lugar privilegiado de manifestar a fé que recebemos da Igreja. O Credo é o tesouro da nossa alma. Rezar o Credo é dizer que acreditamos que a nossa vida veio de Deus e que está em suas mãos. É entrar em comunhão com Deus Pai, Filho e Espírito Santo; é também entrar em comunhão com a Igreja inteira, que nos transmite a fé, e no seio da qual nós vivemos.

Recordar – O que a nossa vida está dizendo?
- Quem são as pessoas em quem você mais confia?
- Por quê?
- O que faz você acreditar em alguém?

Escutar – O que o texto está dizendo?
Ler João 12,44-47.
Canto: "Dentro de mim existe uma luz".

- O que Jesus disse sobre acreditar n'Ele?
- O que Jesus disse sobre a luz?

Meditar – O que o texto diz para mim?
- O que a Palavra de Deus me leva a perceber?
- O que eu posso fazer para aumentar a fé em Jesus Cristo?
- Para mim, o que significa sair das trevas e caminhar na luz?

Rezar – O que o texto me faz dizer a Deus?
Canto: "Creio Senhor, mas aumentai minha fé!".

Oração

Creio em Deus-Pai, todo-poderoso,
criador do céu e da terra.
E em Jesus Cristo seu único Filho, Nosso Senhor,
que foi concebido pelo poder do Espírito Santo,
nasceu da Virgem Maria,
padeceu sob Pôncio Pilatos,
foi crucificado, morto e sepultado,
desceu à mansão dos mortos,
ressuscitou ao terceiro dia, subiu aos céus,
está sentado à direita de Deus Pai, todo-poderoso,
de onde há de vir a julgar os vivos e os mortos.
Creio no Espírito Santo,
na Santa Igreja Católica,
na comunhão dos Santos,
na remissão dos pecados,
na ressurreição da carne,
na vida eterna.
Amém.

Canto: "Creio, Senhor, mas aumentai minha fé!".

Contemplar – Olhar a vida como Deus olha
Vou me colocar nas mãos de Deus, acreditando que Ele me criou, me conhece e me ama. Que por seu Filho Jesus Ele me salvou e que pelo Espírito Santo Ele faz de mim um lugar onde Ele habita.

Compromisso – O que a Palavra de Deus me leva a fazer?
Vou rezar com os meus pais a oração do Credo.

22º Encontro

Domingo é o dia do Senhor
Todo domingo celebramos a ressurreição de Jesus.

Recado para a minha vida: Desde o início do cristianismo, os cristãos se reúnem para celebrar o domingo como o dia do Senhor. Nesse dia de descanso semanal, os cristãos se reúnem em celebração em torno da mesa eucarística, para, meditando sobre a ressurreição de Jesus, buscar alimento e repouso também para a sua alma. Na Eucaristia dominical, o cristão busca força para viver, plenamente e todos os dias, a caridade.

Recordar – O que a nossa vida está dizendo?
- O que você costuma fazer aos domingos?
- Como a sua família organiza o fim de semana?
- Há coisas que fazemos aos domingos que não fazemos em outros dias da semana?

Escutar – O que o texto está dizendo?
Ler João 20,19-29.
Canto: "O Sol nasceu, é novo dia".

- Em que dia Jesus ressuscitou?
- O que faz Tomé não acreditar na ressurreição de Jesus?
- O que aconteceu aos discípulos quando Jesus se manifestou?

Meditar – O que o texto diz para mim?
- O que torna o meu domingo um dia especial?
- Quando me assemelho a Tomé?

Rezar – O que o texto me faz dizer a Deus?
Canto: Salmo 118(117), "Este é o dia que o Senhor fez para nós!".

Contemplar – Olhar a vida como Deus olha
Vou desenhar e colorir o que significa o domingo, para mim.

Compromisso – O que a Palavra de Deus me leva a fazer?
Vou participar da celebração dominical e visitar um pobre ou doente, partilhando algo.

23º Encontro

O Batismo é um mergulho na Páscoa de Jesus
O Batismo nos faz participar da morte e ressurreição de Jesus.

Recado para a minha vida: O Batismo é o fundamento de toda a vida cristã, a porta de entrada para a vida na comunidade e o acesso aos demais sacramentos. Pelo Batismo somos libertados do pecado; renascemos para uma vida nova em Cristo e nos tornamos filhos de Deus. Como membros de Cristo, participamos da Igreja e de sua missão. A água do Batismo onde somos mergulhados é símbolo de nossa participação na vida divina.

Recordar – O que a nossa vida está dizendo?
- Quais os efeitos positivos da água?
- O que acontece quando bebemos água, quando cozinhamos, regamos uma planta, tomamos banho, lavamos roupa...?
- Quais os efeitos negativos da água?
- O que acontece nas enchentes, quando uma barragem se rompe, quando alguém se afoga no mar?

Escutar – O que o texto está dizendo?
Ler Carta aos Romanos 6,3-5.
Canto: "Banhados em Cristo".

- De que o texto está falando?
- Vamos reler o texto, substituindo as palavras "batismo" e "batizar" por "mergulho" e "mergulhar", para entender melhor o texto?
- Segundo Paulo, o que significa o Batismo?

Meditar – O que o texto diz para mim?
- Como posso viver a vida nova que o Batismo me oferece?
- Quais os efeitos do Batismo na minha vida?

Rezar – O que o texto me faz dizer a Deus?
No dia do nosso Batismo, os nossos pais e padrinhos assumiram o compromisso de seguir os passos de Jesus: viver como irmãos, em comunidade, e lutar, juntos, contra o mal. Eles usaram palavras bem comprometedoras: "Renuncio a todo o mal" e "Creio em Deus uno e trino". Agora nós mesmos podemos assumir este compromisso.

Mergulhando minha mão na água direi em voz alta o que vou prometer fazer para me assemelhar a Jesus. Depois colocarei a mão na Bíblia e direi em voz alta a que a Palavra de Deus ensina a renunciar: à mentira, à injustiça, à preguiça, à briga, ao desrespeito. Em seguida, segurando a vela acesa, cantarei três vezes: "Creio, Senhor, mas aumentai minha fé!".

Contemplar – Olhar a vida como Deus olha
Olhando para a água, vou imaginar a minha vida unida à vida de Jesus Cristo, água viva. Vou pensar na vida nova que Ele me ajudou a descobrir.

Canto: "És água viva, és vida nova".

Compromisso – O que a Palavra de Deus me leva a fazer?
Vou procurar viver os propósitos assumidos diante da Palavra de Deus.
Contarei aos meus pais como foi o encontro na catequese.

24º Encontro

No Batismo fomos ungidos em Cristo Jesus
Somos ungidos em Cristo pelo óleo no dia do Batismo.

Recado para a minha vida: Na Bíblia, a unção com óleo significa que alguém foi consagrado em vista da realização de uma missão. No Antigo Testamento eram ungidos os sacerdotes, os reis e os profetas. Jesus foi consagrado e ungido pelo Pai para anunciar o Reino. "Cristo" é uma palavra grega que significa "ungido". No dia do Batismo, o presidente da celebração unge o catecúmeno com óleo santo e diz: "Que a força de Cristo penetre em tua vida, como este óleo em teu peito!".

Recordar – O que a nossa vida está dizendo?
- Para que serve o óleo?
- Que tipo de óleo você já usou?
- Onde você viu alguém usar óleo?
- Em que situações da vida usamos o óleo?
- Quais são as propriedades do óleo?

Escutar – O que o texto está dizendo?
Ler Lucas 4,16-19.
Canto: "Pelo Batismo recebi uma missão".

Narrador: Jesus foi à cidade de Nazaré, onde se havia criado. Conforme seu costume, no sábado entrou na sinagoga e levantou-se para fazer a leitura. Deram-lhe o livro do profeta Isaías. Abrindo o livro, Jesus encontrou a passagem onde está escrito:

Jesus: "O Espírito do Senhor está sobre mim, porque me consagrou com a unção, para anunciar a Boa Notícia aos pobres; enviou-me para proclamar a libertação aos presos e aos cegos a recuperação da vista; para libertar os oprimidos e para proclamar um ano de graça do Senhor".

Momento de silêncio.

- O que fez o Espírito do Senhor em Jesus?
- Para que Jesus foi ungido?

Meditar – O que o texto diz para mim?
- O que significa o fato de eu ter sido ungido?

Rezar – O que o texto me faz dizer a Deus?

Oração
Senhor Jesus,
nós vos damos graças pelo óleo santo com o qual nos ungistes.
Por ele nos foi dado participar de vossa missão no mundo
como sacerdote, profeta e rei.
Dai-nos sempre a força do vosso Espírito
para que possamos lutar contra todo tipo de mal
e viver sempre próximos a Vós,
que viveis e reinais pelos séculos. Amém.

Contemplar – Olhar a vida como Deus olha
Vou me colocar nas mãos de Deus, e, recebendo um pouco de óleo perfumado em minhas mãos, quero contemplar as atitudes que me fazem ser um bom perfume, no dia a dia de minha vida pessoal, familiar e escolar.

Compromisso – O que a Palavra de Deus me leva a fazer?
Vou registrar no caderno três atitudes cristãs que eu posso assumir como batizado.

25º Encontro

O batizado é um iluminado

"Eu sou a luz do mundo" (João 8,12).

Recado para a minha vida: A luz nos ajuda a andar com segurança, nos orienta, nos conduz. No dia do Batismo os pais e os padrinhos entregam ao neobatizado uma vela acesa. Ela significa que o cristão recebe a luz de Cristo, que é a luz do mundo. Assim como a vela tende a espalhar em torno de si luz e calor, também o cristão, membro de Cristo e da Igreja pelo Batismo, deve irradiar em torno dele próprio o Reino de Deus, pois Jesus nos disse: "Eu sou a luz do mundo" (João 8,12) e "Vós sois a luz do mundo" (Mateus 5,14).

Recordar – O que a nossa vida está dizendo?

- Alguém já experimentou andar no escuro? O que aconteceu?
- O que acontece quando, de noite, falta a luz elétrica? Que providências tomamos?
- Apesar de a vela fornecer uma pequena chama, qual a diferença que ela produz nesse momento?

Escutar – O que o texto está dizendo?

Ler João 8,12.

Canto: "Tua Palavra é lâmpada para os meus pés, Senhor!".

- O que Jesus diz?
- Que tipo de luz Jesus dá a quem o segue?

Meditar – O que o texto diz para mim?

- Quais as atitudes que me levam a ser luz?
- Onde e quando posso ser luz?

Rezar – O que o texto me faz dizer a Deus?

Canto: "Dentro de mim".

Contemplar – Olhar a vida como Deus olha

Canto: "Ó luz do Senhor" ou "Caminhamos pela luz de Deus".

Compromisso – O que a Palavra de Deus me leva a fazer?

Com os meus pais, em cada dia da semana, vou ler:

2ª feira – Mateus 5,14-16;

3ª feira – 1ª Carta aos Tessalonicenses 5,4-8;

4ª feira – 1ª Carta de João 1,5-7;

5ª feira – 1ª Carta de João 2,8-11;

6ª feira – Salmo 27(26).

> **Lembrete:** Para o próximo encontro trazer uma espiga de trigo.

26º Encontro

A Eucaristia: comunhão com Deus e com os irmãos
A Eucaristia nos une a Deus e aos irmãos.

Recado para a minha vida: Jesus escolheu um jeito maravilhoso para ficar com a gente, que é a refeição, por meio da Eucaristia. A Eucaristia é a ação de graças ao Pai pela salvação trazida por Jesus. É o momento oportuno para a comunidade louvar a Deus e caminhar unida rumo ao Reino definitivo.

Recordar – O que a nossa vida está dizendo?

- O que observamos na espiga de trigo?
- Qual deve ser a qualidade da espiga?
- Que tipo de espiga você escolhe para oferecer a uma pessoa amiga?
- Quando nos assemelhamos a uma boa espiga?

Escutar – O que o texto está dizendo?
Ler a 1ª Carta aos Coríntios 10,16-17.
Canto: "Onde reina o amor".

- Que significa comer do mesmo pão e beber do mesmo cálice?
- O que é esse pão? O que é esse cálice?

Meditar – O que o texto diz para mim?
Em breve vamos fazer a nossa primeira participação na Comunhão Eucarística. O que vai significar comer do pão e beber do vinho eucarísticos?

Rezar – O que o texto me faz dizer a Deus?

Oração
> Obrigado, Senhor!
> Estamos aprendendo que participar da Comunhão Eucarística
> nos faz permanecer unidos.
> A Eucaristia nos faz comungar com a tua vida
> e com a vida da comunidade.
> Faz-nos, Senhor, teus amigos mais íntimos.
> Queremos estar contigo e amar-te sempre mais.
> Na tua amizade queremos amar o nosso próximo como nos ensinaste.
> Isso pedimos a ti, que reinas pelos séculos.
> Amém.

Canto: "Caminhamos pela luz de Deus".

Contemplar – Olhar a vida como Deus olha
Observe o prato com os pães e as espigas que está no centro da sala. Lembre-se de todo o processo pelo qual a espiga passou até chegar a ser pão. Partilhe com os seus colegas de catequese as ideias bonitas que você está tendo ao ver as espigas e o pão juntos. Lembre-se que Jesus deixou o Pão como sinal permanente de sua presença. Ele disse: "Eu sou o Pão da Vida. Quem comer deste pão viverá eternamente".

Compromisso – O que a Palavra de Deus me leva a fazer?
Vou perguntar aos meus pais como a nossa família pode ser bem unida e como podemos ajudar a comunidade a ser fonte de alegria, união, perdão e partilha.

> **Lembrete:** No próximo encontro, os catequizandos deverão trazer pão para a partilha.

27º Encontro

A Eucaristia: Mesa da Palavra e Mesa do Pão
Na celebração eucarística, a Mesa da Palavra e a Mesa do Pão formam uma unidade.

Recado para a minha vida: A celebração eucarística nos leva a ser fiéis àquilo que Jesus realizou na última ceia: uma refeição comunitária de louvor ao Pai, memorial da oferta de Jesus, e feita ao redor de uma mesa. A missa se compõe de duas partes principais: a Mesa da Palavra e a Mesa do Pão e do Vinho. Elas são inseparáveis e formam uma unidade. Na Mesa da Palavra se proclama a Palavra de Deus, nesta sequência: 1ª leitura, salmo, 2ª leitura, aclamação ao Evangelho, proclamação do Evangelho, homilia (momento de silêncio), o creio e a oração dos fiéis. Na Mesa do Pão e do Vinho acontece o creio, a grande Ação de Graças de Jesus ao Pai e a transformação do pão e do vinho no Corpo e Sangue de Jesus Cristo. O rito eucarístico tem as seguintes partes: preparação das oferendas, oração eucarística, fração do pão e comunhão.

Recordar – O que a nossa vida está dizendo?
- Quem gosta de ouvir ou contar histórias?
- Em sua casa, quem são as pessoas que contam as histórias da família (pais, avós, irmãos...)?

- É bom escutar as histórias familiares? Isso tem a ver com você?
- Quando contamos histórias, comemos ou bebemos alguma coisa juntos?

Escutar – O que o texto está dizendo?
Ler Lucas 24,13-35.
Canto: "Fica conosco Senhor".

- O que estava acontecendo com os dois discípulos?
- Quem se juntou aos dois discípulos?
- Sobre o que Jesus e os discípulos conversavam?
- Ao chegarem a Emaús, o que aconteceu?

Meditar – O que o texto diz para mim?
- A exemplo de Jesus, quando eu posso me aproximar, ouvir, dialogar e ajudar alguém?

Rezar – O que o texto me faz dizer a Deus?

Oração
Senhor, como os discípulos de Emaús, somos peregrinos.
Vem caminhar conosco!
Dá-nos o teu Espírito, para que façamos da catequese
caminho para o discipulado.
Abre os nossos ouvidos para escutar a tua Palavra, fonte de vida e missão.
Ensina-nos a partilhar do pão, alimento para a caminhada.
Permanece conosco!
Tu que vives e reinas pelos séculos. Amém.

Canto: "Vós sois o caminho a verdade e a vida".

Contemplar – Olhar a vida como Deus olha
O que os símbolos usados na missa, apresentados pelo catequista, estão dizendo?

Compromisso – O que a Palavra de Deus me leva a fazer?
Vou ficar mais atento à Palavra de Deus durante a missa.
No próximo domingo quero assumir uma ação que vou realizar a partir dos textos bíblicos que ouvirei.
Vou contar aos meus pais tudo o que comprendi e senti no encontro de hoje.

28º Encontro

A Eucaristia: memória, festa e ação de graças ao Pai
A Eucaristia é ação de graças e louvor ao Pai.

Recado para a minha vida: A Eucaristia é a grande Ação de Graças de Jesus ao Pai. Todos são chamados a participar da Mesa Eucarística.

Em todas as celebrações eucarísticas, realizamos o memorial da vida, missão, paixão, morte e ressurreição de Jesus. Isso acontece quando nos reunimos para render Ação de Graças a Deus Pai por Jesus.

De fato, toda missa é memorial da morte e ressurreição de Jesus. A primeira missa aconteceu numa quinta-feira, quando, na última ceia, Jesus rendeu graças ao Pai, abençoou o pão e o vinho e os distribuiu aos seus discípulos.

Recordar – O que a nossa vida está dizendo?
- Por que as pessoas se reúnem em festa?
- O que elas celebram?

Escutar – O que o texto está dizendo?
Ler Mateus 26,26-29.
Canto: "Aleluia, aleluia, aleluia, Jesus vai falar".

- O que aconteceu naquela ceia de Jesus com os seus amigos?
- O que Jesus fez com o pão e com o vinho?
- E depois da ceia, o que fizeram?

Meditar – O que o texto diz para mim?
- Em breve vamos fazer parte da ceia de Jesus. O que vamos festejar nesse dia?

Rezar – O que o texto me faz dizer a Deus?

Oração

Deus nosso Pai, nós vos louvamos
por todas as coisas bonitas que existem no mundo
e também pela alegria que dais a todos nós.
Nós vos louvamos pela luz do dia e pela vossa Palavra, que é a nossa luz.
Nós vos louvamos pela terra onde moram todas as pessoas e
pelo alimento e pelas famílias e pessoas amigas que temos.
Obrigado pela vida que de vós recebemos.
Obrigado porque quereis permanecer conosco em Jesus,
que se fez nosso alimento e nos reúne ao redor da vossa mesa.
Amém.

Contemplar – Olhar a vida como Deus olha
Convidar os catequizandos a preparar a mesa, enfeitá-la com flores e, quando tudo estiver pronto, participar da festa.

Compromisso – O que a Palavra de Deus me leva a fazer?
Vou partilhar algo que tenho com um colega mais necessitado.

> **Lembrete:** Preciso trazer flores no próximo encontro.

29º Encontro

A Eucaristia: celebração do mistério pascal
A Eucaristia é a celebração da paixão, morte e ressurreição de Jesus.

Recado para a minha vida: Bem no centro da Eucaristia, encontramos uma aclamação muito importante: "Anunciamos, Senhor, a vossa morte e proclamamos a vossa ressurreição. Vinde, Senhor Jesus!". Essa aclamação, feita logo após o relato da instituição da Eucaristia, mostra o entrelaçamento que existe entre a Eucaristia e o mistério Pascal de Cristo: sua vida, missão, paixão, morte e ressurreição. O sinal do pão e do vinho partilhados nos remete à sua entrega voluntária na cruz. Pão partido e vinho distribuído simbolizam a sua dádiva pela humanidade: vida partida e repartida para dar mais vida pela salvação dos outros. O que Jesus fez na ceia só se entende a partir da sua cruz e ressurreição. Sua presença está garantida em nosso meio. Toda vez que nos reunimos em seu nome, clareamos a mente e o coração com a luz das Escrituras, professamos a fé, testemunhamos o seu amor, nos erguemos de nossas fraquezas, abrimos os olhos e deixamos o Espírito incendiar o coração. Celebrar a Eucaristia é o mesmo que escutar a sua voz, tocar as suas chagas, ouvir o seu ensinamento, olhar nos seus olhos, curtir a sua presença. Quem celebra a Eucaristia pode dizer: "Realmente, o Senhor ressuscitou!".

Recordar – O que a nossa vida está dizendo?
- Que sofrimentos a nossa comunidade está enfrentando atualmente?
- Você já passou por algum sofrimento?
- Como conseguiu superar esse sofrimento?

Escutar – O que o texto está dizendo?
Ler Lucas 24,28-39.
Canto: "Ressuscitou de verdade".

- O que o texto está falando?
- Que convite os discípulos fizeram a Jesus?
- O que aconteceu aos dois discípulos?
- O que disseram e o que fizeram?
- Depois que os dois discípulos anunciaram a Boa-nova aos demais, o que aconteceu?

Meditar – O que o texto diz para mim?
- O que nos abre os olhos da fé e incendeia o nosso coração hoje?
- Onde reencontramos Jesus ressuscitado, vencedor da morte?

Rezar – O que o texto me faz dizer a Deus?
Canto: "Ó luz do Senhor".

Ladainha

Catequista: Em nosso encontro de catequese...
Todos: Fica conosco, Senhor!

Catequizando: Quando estou sem motivação para estudar...
Todos: Fica conosco, Senhor!

Catequizando: Quando tenho medo e me sinto só...
Todos: Fica conosco, Senhor!

Catequizando: Quando nos encontramos com os amigos para brincar...
Todos: Fica conosco, Senhor!

Catequizando: Quando estou na escola...
Todos: Fica conosco, Senhor!

Catequizando: Quando tenho coragem de falar de ti aos meus amigos...
Todos: Fica conosco, Senhor!

Contemplar – Olhar a vida como Deus olha
Vou me colocar nas mãos de Deus e perceber que sempre que procuro fazer o bem, perdoar, dialogar, cuidar da minha própria vida, eu sinto a presença de Jesus ressuscitado.

Compromisso – O que a Palavra de Deus me leva a fazer?
Antes de dormir, vou perguntar a mim mesmo: no decorrer do dia meu rosto foi alegre e manifestou que Jesus ressuscitou e vive em mim?

30º Encontro

Os mandamentos: caminho de vida e felicidade
Os mandamentos que Deus nos deu são caminho para a nossa vida e a nossa felicidade.

Recado para a minha vida: Na vida da sociedade os sinais de trânsito são alertas para que se transite em segurança. Na vida com Deus, temos sinais, ou seja, os mandamentos, que nos conduzem para o caminho da vida e da felicidade. Quando temos um indicador para seguir, evitamos cometer erros que nos afastam do plano de Deus. Os dez mandamentos descrevem as exigências do amor a Deus e ao próximo. Os três primeiros se referem a Deus e podem ser resumidos em "Amarás o Senhor teu Deus de todo o teu coração, de toda a tua alma e de todo o teu entendimento" (Mateus 22,37). Os outros sete mandamentos se referem ao amor ao próximo. E foram resumidos assim: "Amarás o teu próximo como a ti mesmo" (Marcos 12,31).

Recordar – O que a nossa vida está dizendo?
- Ao observar o caminho elaborado pelo catequista, que sinal mais chamou a sua atenção?
- Você conhece alguém que se prejudicou por não seguir os sinais de trânsito?

Escutar – O que o texto está dizendo?
Ler Êxodo 20,1-2;7-17.
Canto: "Pela Palavra de Deus".

- O que Deus comunicou ao seu povo?
- O que o texto diz a respeito dos mandamentos?
- Vamos encontrar juntos os dez mandamentos na passagem que acabamos de ler?

Meditar – O que o texto diz para mim?
- Que orientações a Lei de Deus me indica?
- Como aplicar essas orientações para a minha vida?

Rezar – O que o texto me faz dizer a Deus?
Com o auxílio da Bíblia, rezar individualmente o Salmo 119(118), versículos 1-8.
Canto: "Vós sois o Caminho, a Verdade e a Vida".

Contemplar – Olhar a vida como Deus olha
Vou contemplar a comunidade, a família feliz, cumprindo os mandamentos.

Compromisso – O que a Palavra de Deus me leva a fazer?
Procurarei examinar a minha vida para ver se estou cumprindo os mandamentos que Deus indicou ao seu povo.

31º Encontro

Os mandamentos como aliança
Deus resgata o ser humano e faz aliança com ele.

Recado para a minha vida: Os mandamentos nascem da aliança entre Deus e o seu povo. São garantias para que o povo nunca se esqueça de Deus. Eles são inseparáveis da aliança que Deus fez com o povo de Israel no monte Sinai. Os mandamentos são provas de amor. Indicam o caminho seguro e feliz para vivermos bem e em paz com Deus, com o próximo, com a natureza e com nós mesmos. Jesus assumiu e viveu os mandamentos do seu povo e, como Filho de Deus, revelou o desejo de Deus Pai de tornar as pessoas livres e felizes.

Recordar – O que a nossa vida está dizendo?
- Existem coisas ou pessoas mais importantes do que Deus?
- O que é necessário para viver bem consigo, com os outros e com Deus?

Escutar – O que o texto está dizendo?
Ler Êxodo 19,1-8.
Canto: "Eu vim para escutar".

- Quem está falando no texto?
- O que o texto está dizendo?
- E o que diz a respeito da Aliança?

Meditar – O que o texto diz para mim?
- O que Deus está dizendo neste texto?
- Eu aceito a aliança que Deus faz comigo?
- O que significa fazer uma aliança com Deus?
- Que "alianças" Deus continua fazendo hoje comigo?

Rezar – O que o texto me faz dizer a Deus?
- Vou agradecer a Deus pela aliança que Ele faz todos os dias comigo.
- Rezar o Salmo 66(65), em dois coros, com o auxílio da Bíblia.

Contemplar – Olhar a vida como Deus olha
Em silêncio, observe o desenho que se encontra no início deste encontro. Depois feche os olhos e enquanto ouve um fundo musical, prometa a Deus empenhar-se para cumprir os mandamentos.

Compromisso – O que a Palavra de Deus me leva a fazer?
Vou escrever no meu caderno todos os mandamentos que aprendi e indicarei o que farei para cumpri-los em minha vida.

32º Encontro

O maior mandamento é o amor
Deus resgata o ser humano e faz aliança com ele.

Recado para a minha vida: Quando amamos as pessoas, conforme Jesus nos ensina, estamos amando a Deus. Amar a Deus é deixar que Ele faça aliança conosco. Procurar Deus como nossa segurança, como nosso Deus único e verdadeiro, é caminho para fazer aliança com Ele. Quem ama não tem medo de Deus, confia nele e permanece fiel, mesmo na dor e no sofrimento. Pode contar com o amor de Deus em todos momentos e circunstâncias da vida.

Recordar – O que a nossa vida está dizendo?
- Você conhece alguém, na família ou na comunidade, que pratica a caridade, a bondade?
- Quais gestos de amor percebemos em nossa família e em nossa comunidade?
- Como posso revelar gestos de amor para com as pessoas que eu conheço?

Escutar – O que o texto está dizendo?
Ler Marcos 12,28-34.
Canto: "Tua palavra é lâmpada para os meus pés, Senhor!".

- Quem está falando no texto?
- O que Jesus está dizendo?
- O que Jesus fala a respeito do amor?

Meditar – O que o texto diz para mim?
- O que Jesus está dizendo no texto e o que eu posso fazer?
- Em que situações de minha vida percebo que Deus me ama?

Rezar – O que o texto me faz dizer a Deus?
Canto: "Amar como Jesus amou".

Oração

Senhor, quando pecamos, Tu vens em nosso socorro;
quando caímos, Tu nos ajudas a levantar;
quando nos convertemos, Tu vens ao nosso encontro;
quando duvidamos, Tu nos ofereces a tua Palavra;
quando nos sentimos culpados, Tu nos tomas em teus braços,
quando morremos, Tu nos chamas à Vida.
Por tudo isso queremos te amar e amar nossos irmãos.
Isto te pedimos, a Tu que reinas pelos séculos.
Amém.

Contemplar – Olhar a vida como Deus olha
Vou olhar para dentro de mim e contemplar o amor que Deus me deu, desde o meu nascimento.
Canto: "Onde reina o amor".

Compromisso – O que a Palavra de Deus me leva a fazer?
Com o auxílio dos meus pais, vou visitar uma criança doente e levar a minha solidariedade.

Terceira etapa
da Catequese Eucarística
(Tempo da Quaresma)

33º Encontro

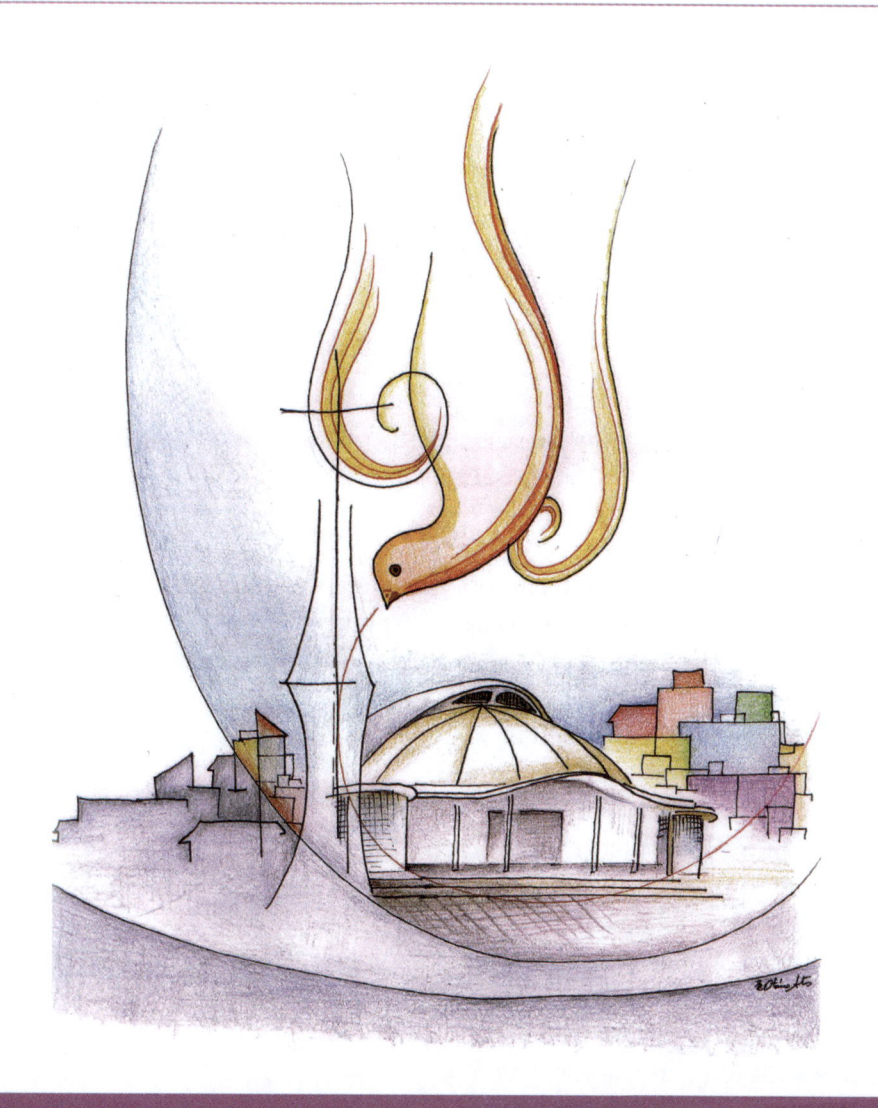

A Igreja continua a missão de Jesus
"Ide por todo o mundo, anunciai o Evangelho a toda a criatura" (Mateus 28,18-20).

Recado para a minha vida: A Igreja é o povo de batizados que, animados pelo Espírito Santo, ajuda-se mutuamente a viver o compromisso de cristãos, na igualdade, na justiça, no amor, na solidariedade e na partilha. Em sua vida, Jesus foi seguido por um grupo de homens e mulheres, que ia crescendo na fé, no entusiasmo e no compromisso, por seus ensinamentos. Antes de subir ao céu, Jesus confiou a sua missão aos apóstolos, dizendo: "Ide por todo o mundo, anunciai o Evangelho a toda a criatura" (Mateus 28,18-20). Com a ação do Espírito Santo, os apóstolos descobriram que a melhor maneira de responder ao convite de Jesus era ajudar o povo a se organizar em comunidade. Por isso, a Igreja se espalhou pelo mundo, sob a forma de comunidades. Somos chamados a crescer na fé e a construir comunidades.

Recordar – O que a nossa vida está dizendo?
- Em nossa comunidade existem pessoas que continuam a transmitir os ensinamentos de Jesus?
- Você conhece alguma história bonita de alguém que soube demonstrar ser missionário, seguidor de Jesus?

Escutar – O que o texto está dizendo?
Ler Atos dos Apóstolos 2,42-47.
Canto: "Esta palavra que ouvimos".

- A respeito do que o texto fala?
- Como as comunidades viviam?
- Como era a partilha?

Meditar – O que o texto diz para mim?
- Como posso ser perseverante e cumprir os ensinamentos que recebo na catequese?
- Qual a atitude que o texto me encoraja a assumir?
- Qual a melhor forma de trazer os meus amigos e fazer a comunidade crescer?

Rezar – O que o texto me faz dizer a Deus?

Oração

Jesus, como os primeiros cristãos,
eu também quero ser teu seguidor,
participar da catequese e dos grupos bíblicos de reflexão!
Quero participar da minha comunidade
e me sentir parte da comunidade dos teus discípulos.
Tu és alimento desta caminhada.
A tua graça e a tua força me bastam. Amém!

Canto: "Quando o dia da paz renascer".

Contemplar – Olhar a vida como Deus olha
Vou me colocar nas mãos de Deus e olhar a minha comunidade e a minha família como os primeiros cristãos.

Compromisso – O que a Palavra de Deus me leva a fazer?
Partilharei com os meus pais o desejo de assumir um serviço na comunidade.
Vou convidar os meus pais para a missa do primeiro domingo da Quaresma, na comunidade.

34º Encontro

A comunidade de fé: lugar da vida e do perdão
A misericórdia de Deus penetra no coração de quem sabe perdoar.

Recado para a minha vida: Todas as vezes que perdoamos, o olhar compassivo de Deus se volta para nós. Dar e acolher o perdão significa corrigir os desvios, reconhecer as nossas faltas diante de Deus. É o esforço de corrigir os danos causados pelo mal praticado. Zaqueu reconheceu a sua maldade, propôs-se a mudar de vida e reparar o mal cometido: "Senhor, dou a metade dos meus bens aos pobres" (Lucas 19,8ss). As primeiras comunidades cristãs viviam a partilha, o amor, o perdão, a acolhida. Cultivavam o amor a Deus e ao próximo. É importante que em nossa vida o amor e o perdão sejam mais fortes do que o mal. A misericórdia de Deus penetra no coração de quem sabe perdoar.

Recordar – O que a nossa vida está dizendo?
- Você conhece alguém da comunidade que já teve a atitude de pedir e dar perdão?
- No grupo de catequese existe o costume de pedir perdão?

Escutar – O que o texto está dizendo?

Ler Mateus 18,21-22.

Canto: "Eu te peço desta água".

- O que o texto está dizendo?
- No texto, quais as pessoas envolvidas no diálogo?
- Qual a pergunta que o discípulo Pedro faz para Jesus?
- Quantas vezes Jesus diz que se deve perdoar?
- O que Jesus quis dizer quando respondeu a Pedro: "Não lhe digo que até sete vezes, mas até setenta vezes sete".

Meditar – O que o texto diz para mim?
- Em minha história de vida, quais as faltas pelas quais devo pedir perdão?
- De acordo com o que Jesus respondeu para o discípulo Pedro, o que me impede de perdoar?

Rezar – O que o texto me faz dizer a Deus?

Depois de ouvirmos essa conversa entre Jesus e Pedro, converse com Deus. Se você pecou e quer o perdão de Deus, peça-o com uma oração individual.

Momento de silêncio.

Oração

Senhor,
converte o meu coração!
Sou projeto de paz que nasceu do teu amor.
Mas esqueço demais que também sou pecador.
Desta vez é para valer. Desta vez é para valer.
Viverei como alguém confirmado, eleito, provado e chamado.
Converte o meu coração, Senhor, converte o meu coração!

Rezar a oração do Pai-nosso. Ao terminar a oração, reze pausadamente três vezes: "Perdoai-nos os nossos pecados, assim como nós perdoamos a quem nos ofendeu".

Contemplar – Olhar a vida como Deus olha

A comunidade que vive a sua fé é uma comunidade que vive no amor e na misericórdia de Deus. Diga para o grupo como você está se sentindo na comunidade e na catequese.

Compromisso – O que a Palavra de Deus me leva a fazer?

Vou procurar me reconciliar com alguém que eu possa ter ofendido. Vou pedir perdão e procurar ser amigo novamente.

Lerei para os meus pais e irmãos Mateus 18,21-22, e perguntarei se eles conhecem outro texto bíblico que fale de perdão. Anotarei em meu caderno: livro, capítulo, versículo e o tema do texto bíblico para o próximo encontro.

35º Encontro

O amor misericordioso de Deus
Deus é misericórdia e perdão.

Recado para a minha vida: O amor misericordioso de Deus está sempre disposto a nos acolher e perdoar. Jesus sempre perdoou quem pecou e se arrependeu. A sua atitude foi sempre de misericórdia, compreensão, acolhida e convite para que as pessoas deixem as ações más e pratiquem as boas. Quem busca o perdão de Deus, pratica as boas ações e rejeita as más. Para revelar a sua misericórdia, Deus serve-se da Igreja como instrumento do perdão divino.

Como instrumento de perdão, a Igreja propõe alguns passos:

Exame de consciência – É um olhar para dentro de si, para descobrir as ações más que realizamos e as ações boas que deixamos de fazer. É confrontar a vida com os ensinamentos de Jesus contidos nas Sagradas Escrituras (cf. Lucas 15,17).
Arrependimento – É sentir a vontade sincera de voltar, arrepender-se da má ação praticada; é ter vontade de mudar.
Propósito – É querer corrigir-se do erro e decidir-se a mudar de acordo com a vontade de Jesus; é decidir reparar a má ação realizada.
Confissão – Confessar em particular para o padre, ministro da Igreja, os erros que cometemos, as más ações de que fomos autores; enfim, as falhas que, contrariamente à luz de uma santa vivência cristã, praticamos em nossa vida.
O sacerdote, em nome de Jesus, nos acolhe e orienta. Pronuncia então sobre nós a oração de perdão dos pecados.
Penitência – Cumprir o que o padre nos indicou para fazer. Pode ser um ato de reparação do mal praticado, ou até mesmo um agradecimento a Deus pelo perdão recebido, para indicar a gratuidade do perdão. Na Bíblia encontramos uma história que Jesus contou para nos mostrar que Deus está sempre pronto a perdoar, a do Filho perdido.

Recordar – O que a nossa vida está dizendo?
- Em nossa comunidade, você conhece alguém que realizou uma ação boa?
- Conhece alguma ação que você pessoalmente considera má?
- Você conhece alguém que se esforça para ser bom?
- Como reagimos quando somos chamados a perdoar?

Escutar – O que o texto está dizendo?
Ler Lucas 15,11-32.
Canto: "Aleluia, aleluia, aleluia! Jesus vai falar".

- Quais os personagens que aparecem na parábola?
- O que fez o filho mais novo?
- Qual a atitude do filho mais velho?
- Qual a atitude do pai?

Meditar – O que o texto diz para mim?
- Quais as atitudes praticadas em minha vida que se assemelham à atitude do filho mais velho?
- Quando pratico ações más, como posso buscar o perdão das minhas faltas?

Rezar – O que o texto me faz dizer a Deus?
Vou dançar, louvando e agradecendo a Deus. Cinco passos à direita, com a mão direita levantada para o alto; cinco à esquerda, com a mão esquerda para o alto em atitude de louvor. Circular o corpo com as duas mãos levantadas em atitude de agradecimento.

Oração

    Querido Deus Pai, eu vos amo de todo o meu coração!
    Com a vossa graça, não quero mais vos ofender,
    porque sois bom e misericordioso.
    Eu vos dou graças porque o vosso Filho Jesus ofereceu a sua vida por nós
    e nos concedeu o perdão de que necessitávamos.
    Dai-nos sempre o dom de vossa misericórdia.
    Isto vos pedimos por Jesus Cristo, vosso Filho,
    na unidade do Espírito Santo. Amém!

Momento de silêncio.

Canto: "A ti, meu Deus".

Contemplar – Olhar a vida como Deus olha

Vou sentir Deus me acolhendo e falando como um bom pai que acolhe o filho que volta arrependido para casa.

Momento de silêncio.

Compromisso – O que a Palavra de Deus me leva a fazer?

Vou reler o texto de Lucas 15,11-32 e, com ajuda dos meus pais, perceber e conversar sobre os cinco passos para a confissão:

1º Exame de consciência: Lucas 15,17.
2º Arrependimento: Lucas 15,18-19.
3º Propósito: Lucas 15,18.
4º Confissão: Lucas 15,21.
5º Perdão dos pecados: Lucas 15,22-24.

36º Encontro

A Páscoa de Jesus: núcleo da nossa fé
Jesus, morrendo, destruiu a morte; ressuscitando, restaurou a vida.

Recado para a minha vida: Pela sua vida, paixão, morte e ressurreição, Jesus salvou a humanidade. A paixão e a ressurreição de Cristo são o ponto alto do ano litúrgico. A celebração da Páscoa do Senhor começa com a missa vespertina da Ceia do Senhor. Todas as vezes que celebramos a Ceia do Senhor, tornamos presente este acontecimento. Os três dias que começam com a missa vespertina da Quinta-feira Santa e se concluem com a oração de vésperas do Domingo de Páscoa formam uma unidade e compreendem o sofrimento e as alegrias da Boa-nova do mistério salvífico de Cristo. O crucifixo lembra o sofrimento de Jesus por nós. O caminho cristão é o caminho iluminado pelos ensinamentos e exemplos de Jesus. É o caminho da cruz, que é também o da ressurreição.

Recordar – O que a nossa vida está dizendo?
- Em nossa comunidade, o que acontece na Semana Santa, dentro do tríduo pascal?
- O que celebramos na Semana Santa?
- Como a nossa comunidade celebra a Semana Santa?

Canto: "Eu vos dou um novo mandamento".

QUINTA-FEIRA SANTA

Expressar o desejo: Quero seguir o mandamento de Jesus, respeitando meus colegas na escola.
Canto: "Eu vos dou um novo mandamento".

SEXTA-FEIRA SANTA

Canto: "A morrer crucificado".
Na Sexta-feira Santa realizamos o gesto da adoração da cruz. O beijo que damos sugere um gesto de respeito e de veneração para com a cruz do Senhor. O beijo é também um símbolo da comunicação do Espírito Santo. Ao beijar a cruz, expressamos o nosso desejo de receber o mesmo Espírito de oferenda e de entrega que levou o Cristo até a cruz.
Canto: "Senhor tende piedade, perdoai as nossas culpas".
Todos se aproximam, e diante da cruz, também de modo espontâneo, expressam a renúncia ao pecado. Exemplo: "Eu renuncio à preguiça".
Depois, fazer um ato de adoração, beijando a cruz. Ao final, todos rezam o Pai-nosso.
Canto: "Prova de amor maior não há".

SÁBADO SANTO

Canto: "Ó luz do Senhor".
Expressar o compromisso de fé: Eu creio que a ressurreição de Jesus me ajuda a vencer o pecado e tudo o que me afasta d'Ele.
Canto: "Creio, Senhor, mas aumentai a minha fé".

Quarta etapa
da Catequese Eucarística
(Tempo Pascal)

37º Encontro

A Eucaristia: alimento para a vida e a missão
Quem come deste pão viverá para sempre.

Recado para a minha vida: A Eucaristia é alimento para o cristão. Faz crescer a união com o Deus Trino e a comunhão fraterna. A comunhão fraterna está estreitamente ligada à comunhão Eucarística. O amor fraterno se manifesta no bem-querer, pela compreensão das falhas e fraquezas dos outros. Significa amar a todos, mesmo os que nos querem mal. Com o sacrifício de Jesus, realiza-se a nova e a eterna aliança de Deus com a humanidade. Ele se fez alimento que não se acaba, é a própria vida de Jesus que se oferece como o Pão da Vida para ser força na missão. Pela sua oferta, Jesus mostra o jeito a ser assumido pelos seus seguidores. Jesus disse: "Eu sou o pão vivo que desceu do céu. Quem come deste pão viverá para sempre. E o pão que eu vou dar é a minha própria carne, para que o mundo tenha vida" (João 6,51).

Recordar – O que a nossa vida está dizendo?
- Como foi a celebração na qual recebemos a Eucaristia pela primeira vez?
- Que momento da celebração mais o ajudou num encontro profundo com Jesus?

Escutar – O que o texto está dizendo?
Ler João 6,56-58.
Canto: "Tua Palavra".

- O que Jesus disse no texto?
- O que vai acontecer com quem recebe Jesus como alimento?

Meditar – O que o texto diz para mim?
- O que acontece quando a Eucaristia se torna fonte de alimento para a minha vida?
- Participar da Eucaristia é viver como ressuscitado. Já vivo como uma pessoa ressuscitada?

Rezar – O que o texto me faz dizer a Deus
Agradecer a Deus por se entregar a mim como alimento e me fazer participar da vida d'Ele. Mediante uma palavra inspiradora do texto bíblico, fazer uma prece.

Canto: "Dentro de mim existe uma luz".

Contemplar – Olhar a vida como Deus olha
- Como o texto me faz perceber os apelos de Deus?

Compromisso – O que a Palavra de Deus me leva a fazer?
Vou escrever três palavras inspiradas pelo texto que me fortalecem na vida cristã. Essas palavras vão me levar a tomar três atitudes para serem vivenciadas nesta semana e me aproximarão ainda mais de Jesus.

38º Encontro

O Batismo: fonte de vocação e missão
No Batismo mergulhamos na vida de Jesus.

Recado para a minha vida: No Batismo mergulhamos na vida de Jesus. Quem assume o Batismo renasce para uma vida nova. Renascer significa ser pessoa nova. O Batismo só tem sentido quando se manifesta um compromisso com Deus, com a Igreja e com o mundo. A vida nova que o cristão recebe no Batismo ajuda a construir um mundo mais justo e mais humano.

Na cerimônia do Batismo, recorremos à dinâmica que segue:

Palavra: Toda a celebração batismal é acompanhada pela Palavra de Deus. No momento principal do Batismo, repetem-se as palavras de Jesus Cristo: "Eu te batizo em nome do Pai e do Filho e do Espírito Santo".

Cruz: A cruz é o símbolo de todos os cristãos. Jesus, obediente a Deus Pai, aceitou a morte, e morte de cruz, para salvar cada um de nós. Mas Jesus ressuscitou por seu próprio poder. Do alto da cruz Jesus derramou o Espírito Santo sobre a humanidade. É por isso que algumas pias batismais trazem a cruz inscrita no fundo, para simbolizar a morte com Cristo.

Água: A água recebida no Batismo é sinal de vida nova. Indispensável para a nossa sobrevivência, a água gera vida, mas também, como força da natureza, pode ser instrumento de destruição. No Batismo, a água é usada para simbolizar duas realidades: morte e vida. A água é um símbolo importante no Batismo.

Óleo: O óleo sempre foi usado para fortalecer os músculos e torná-los flexíveis, ágeis. No Batismo o óleo simboliza a luta contra o erro, a corrupção, a maldade, o crime e o pecado. Significa a disponibilidade total do corpo e do espírito para fazer repercutir a Palavra e o exemplo do Divino Mestre Jesus, que foi ungido pela força do alto, o Espírito de Deus, para fazer o bem (cf. Atos dos Apóstolos 10,38).

Luz: Em todos os tempos, a luz sempre teve a mesma finalidade: iluminar, tirar as pessoas da escuridão, indicar o caminho. A vela acesa no Batismo significa que o cristão recebe a luz de Cristo, luz do mundo (cf. Mateus 5,13-16). A luz de Cristo ilumina por dentro, diferentemente da luz elétrica. Na antiguidade, o Batismo era chamado de iluminação, pois por meio dele fomos transportados do reino das trevas para o reino da luz (cf. 1ª Carta de Pedro 2,9; Carta aos Colossenses 1,12-13).

Veste branca: A veste branca significa estar revestido de Jesus Cristo, vida nova, desafio de lutar para tornar o mundo mais humano e cristão. A veste branca simboliza que a pessoa batizada "vestiu-se de Cristo" (cf. Carta aos Gálatas 3,27) e que ressuscitou com Ele.

Recordar – O que a nossa vida está dizendo?

- Quem realiza o Batismo em nossa comunidade?
- Que símbolos são usados na celebração do Batismo?
- Qual o significado das palavras: água, cruz, óleo, círio pascal, veste branca?

Escutar – O que texto está dizendo?

Ler João 3,1-8.
Canto: "Reveste-me Senhor".

- Quem foi falar com Jesus e quando?
- O que Nicodemos perguntou a Jesus?
- O que Jesus respondeu?

Meditar – O que o texto diz para mim?
- Como posso viver meu Batismo?

Rezar – O que o texto me faz dizer a Deus?

Oração

Querido Deus!
Agradeço a água, sinal da vida nova que cresce em mim.
Que o óleo seja em mim a força que vem de Cristo,
dando conforto, alívio e força para a luta a favor do bem e contra o mal.
O óleo me prepara para lutar por um mundo cristão
e digno para toda pessoa humana.
A veste branca me recorda que estou revestido de ti, Senhor,
e também simboliza a dignidade dos filhos e filhas de Deus.
Quero que a luz me lembre sempre da minha fé como sinal da presença de Jesus,
a grande luz do mundo, iluminando e irradiando a paz, o amor e o bem.
Quero testemunhar pela minha vida e ação o teu grande amor. Amém!

Canto: "Eu te peço desta água que Tu tens".

Contemplar – Olhar a vida como Deus olha

Vou me colocar nas mãos de Deus e dizer que eu quero nascer de novo em Deus, pelo seu Espírito.

Compromisso – O que a Palavra de Deus me leva a fazer?

Com a ajuda dos meus pais, vou fazer uma pesquisa na comunidade, à procura de pessoas que necessitam preparar-se para receber o Batismo.

39º Encontro

Enquanto aguardo ser crismado
"Vou enviar a vocês o Espírito Santo, que ficará sempre com vocês" (João 14,16).

Recado para a minha vida: Todas as pessoas gostam de festa. Ela proporciona alegria e expectativa. Há pessoas que se preparam com muita alegria para festas, celebrações e comemorações. Quando se celebram datas, acontecimentos e, em especial, quando alguém recebe os sacramentos, que é a manifestação da predileção e do amor de Deus, é importante preparar bem o coração.

Um dia vamos receber o sacramento da Crisma. É o sacramento da maturidade cristã (cf. Atos dos Apóstolos 8,15-17) que nos torna capazes de assumir a missão de Jesus na Igreja e no mundo (cf. Lucas 4,16-20). Jesus prometeu enviar o Espírito Santo para nos fortalecer nessa missão. Ele mesmo disse: "Vou enviar a vocês o Espírito Santo" (João 15,26-27).

Recordar – O que a nossa vida está dizendo?
- Em nossa comunidade, alguém está aguardando alguma festa?
- Vocês já ouviram falar sobre alguém que ficou na expectativa para um momento importante?
- Existe alguma festa ou celebração que você está aguardando com muita expectativa?
- O que é importante para que uma festa seja bem celebrada e sempre lembrada?

Escutar – O que texto está dizendo?
Ler João 15,26-27.
Canto: "Vem, Espírito Santo, vem, vem iluminar".

- Quem está falando com os discípulos?
- Sobre o que Jesus está falando para os seus discípulos?
- De onde vem o Espírito Santo?

Meditar – O que o texto diz para mim?
- Como posso dar testemunho de Jesus?
- O que devo fazer para uma boa preparação para receber o Espírito Santo em minha vida?

Rezar – O que o texto me faz dizer a Deus?

Oração

Deus Espírito Santo!
Estamos felizes pela preparação para receber os teus dons.
Necessitamos de tua força e tua luz, para bem nos preparar.
Pedimos-te isso por Jesus, que contigo e o Pai vivem para sempre. Amém!

Contemplar – Olhar a vida como Deus olha
Vou invocar o Espírito Santo para receber os dons da sabedoria e do entendimento.

Compromisso – O que a Palavra de Deus me leva a fazer?
Vou perguntar aos meus pais como eles se prepararam e assumiram o sacramento da Crisma.

40º Encontro

Ritos iniciais e ritos finais da Eucaristia
Glorificai a Deus com a vossa vida.

Recado para a minha vida: A missa – celebração eucarística – é ao mesmo tempo sacrifício de louvor e de ação de graças.
Os primeiros momentos da missa têm por objetivo estabelecer um clima de acolhimento dos fiéis, levando-os à unidade e preparando-os para a celebração litúrgica do dia. Os ritos iniciais são os primeiros momentos da liturgia da missa. Pelos ritos iniciais a assembleia se prepara para acolher a Palavra de Deus. A celebração inicia-se com o sinal da cruz. Seguem-se os demais ritos de celebração. Ao final desta, tendo já ouvido a Palavra do Senhor e comungado o seu Corpo e Sangue, recebemos a bênção de Deus e somos enviados em missão para expandir para o mundo o que experimentamos ao celebrar a vida nova em Cristo ressuscitado.

Recordar – O que a nossa vida está dizendo?
- Como você se sente ao ser convidado para participar de uma festa, de um grupo, ou de um time?
- O que você mais recorda da Eucaristia que recebeu pela primeira vez?
- E o que você recorda do início e do final da missa?

Escutar – O que o texto está dizendo?
Ler Lucas 24,13-35.
Canto: "Estas palavras que ouvimos".

- Vamos recontar parte por parte o texto que acabamos de ouvir?

Meditar – O que o texto está nos dizendo?
- Quando eu me encontro a caminho para celebrar a Eucaristia?
- Em que momento da Eucaristia Jesus me fala?
- O que vou fazer para que eu perceba na Eucaristia a presença de Cristo Ressuscitado?
- Como vou testemunhar Cristo vivo em minha comunidade?

Rezar – O que o texto me faz dizer a Deus?

Canto: "Dentro de mim existe uma luz".

Contemplar – Olhar a vida como Deus olha
Em silêncio, vou refletir sobre o significado profundo do convite para estar com Jesus e por Ele ser enviado para uma missão. Vou compartilhar com o grupo a minha reflexão.

Compromisso – O que a Palavra de Deus nos leva a fazer?
Procurarei valorizar o momento de chegada à missa, não me atrasando e permanecendo atento até a bênção final.
Vou conversar com os meus pais a respeito dos ritos iniciais e finais da missa.

41º Encontro

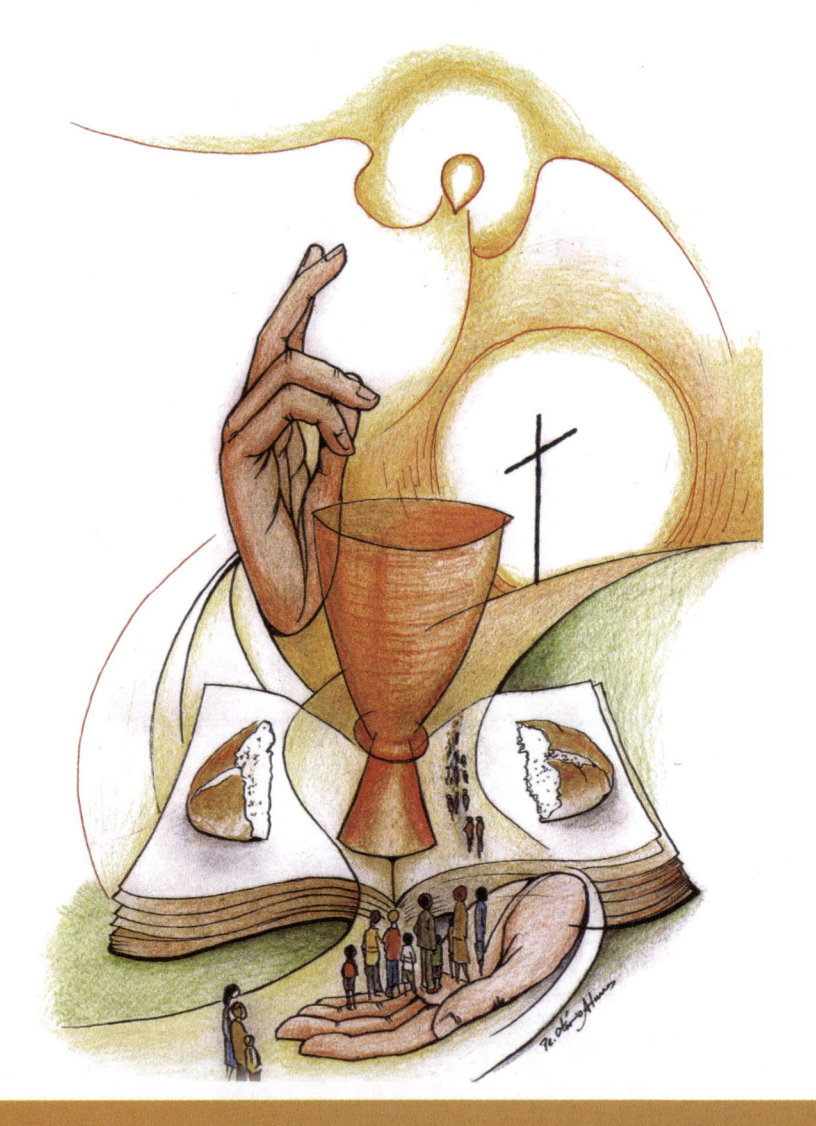

A celebração da Eucaristia passo a passo
Façam isto em memória de mim.

Recado para a minha vida: A missa é uma celebração que recorda, que faz refletir, que leva à ação, que estimula a confraternização e a partilha.
A Eucaristia que costumamos celebrar corresponde às ações fundamentais de Jesus: Ele tomou o pão e o cálice, deu graças, partiu o pão e distribuiu o pão e o vinho aos seus discípulos.

Recordar – O que a nossa vida está dizendo?
- Como você se sente ao participar de uma festa e não compreende para que a cerimônia está sendo realizada?

ENTRADA – Cantamos alegres porque estamos reunidos na Casa de Deus, nosso Pai.
Canto: "Em nome do Pai...".

ATO PENITENCIAL – É o momento de cantar a misericórdia de Deus e reconhecer que somos pequenos diante do mistério que iremos celebrar.
Rezar: "Senhor, tende piedade de nós!".

GLÓRIA – Glorificamos a Deus, cantando com alegria o seu louvor.
Canto: "Glória".

PALAVRA DE DEUS – Continuando o nosso diálogo com Deus, vamos ouvir o que Ele tem a nos dizer nas leituras e salmos contidos na Bíblia. Pela homilia a Palavra de Deus iluminará nossas vidas.

CREDO – Rezamos o Credo, reafirmando a nossa fé na Palavra que acabamos de ouvir.

ORAÇÃO DOS FIÉIS – Como batizados, elevamos a Deus as nossas preces pedindo e intercedendo pelas necessidades do mundo, do nosso país, de nossa cidade e da Igreja.

APRESENTAÇÃO DAS OFERENDAS – Em louvor, depositamos no altar as oferendas do pão e do vinho que irão se transformar no Pão da Vida e no cálice da salvação.

ORAÇÃO EUCARÍSTICA – É a grande oração de agradecimento ao Pai, pela Páscoa de Jesus. Durante esta oração lembraremos a Deus os motivos do nosso louvor, recordaremos as palavras de Jesus na Última Ceia e ofereceremos a nossa vida junto com a do próprio Jesus.

Oração:
Sim, ó Pai, vós sois muito bom!
Amais a todos nós e fazeis por nós coisas maravilhosas.
Vós sempre pensais em todos e quereis ficar perto de nós.
Mandastes vosso Filho querido para viver no meio de nós.
Jesus veio para nos salvar. Curou doentes, perdoou os pecadores.
Mostrou a todos o vosso amor, ó Pai! Acolheu e abençoou a todos.
Nós vos louvamos, por Jesus, vosso Filho, na unidade do Espírito Santo. Amém.

PAI-NOSSO – Preparando-nos para receber o Corpo e o Sangue de Cristo, recordamos a oração que o próprio Jesus nos ensinou:
Rezar: Pai nosso....

RITO DA PAZ – Desejamos o maior dom da Páscoa de Jesus, a paz! Essa paz nós a transmitimos a todas as pessoas. Todos se abraçam e se desejam a paz.

CORDEIRO DE DEUS – Com este canto acompanhamos o gesto do partir o pão que o próprio Jesus fez na Última Ceia e que agora recordamos.

Rezar:
Cordeiro de Deus, que tirais o pecado do mundo
Tende piedade de nós!
Cordeiro de Deus, que tirais o pecado do mundo
Tende piedade de nós!
Cordeiro de Deus, que tirais o pecado do mundo
Dai-nos a paz!

COMUNHÃO – Chegou o momento de participarmos da Ceia. Jesus mesmo preparou para nós este momento e nos convida a nos aproximarmos e recebermos seu Corpo e Sangue para que possamos transformar as nossas vidas e torná-las mais parecidas com a d'Ele.

Canto: "Salmo 22: O Bom-Pastor".

BÊNÇÃO – Ao recebermos a bênção de Deus, somos enviados em missão e o Senhor nos acompanhará.

Compromisso – O que a Palavra de Deus nos leva a fazer?
Escolher uma das leituras que seguem e fazer a leitura orante, individual ou com a família.
João 6,5-13; Lucas 24,28-31; Mateus 14,13-21.

42º Encontro

A Ascensão do Senhor
"Elevou-se à vista deles" (Atos dos Apóstolos 1,9).

Recado para a minha vida: Revestido de poder divino, coberto de glória, Jesus manifesta-se pela última vez aos discípulos, confiando-lhes a missão de levar a Boa-nova a todos os povos. A Ascensão inaugura o tempo da Igreja, ligando o céu e a terra. Agora, sentado à direita do Pai, contamos com um poderoso intercessor, que intercede continuamente por nós e nos envia o seu Espírito de amor.

Quando celebramos a Ascensão do Senhor olhamos para o passado – vida de Jesus entre os seus – e a enxergamos como realização da maior e melhor obra de Deus. Em decorrência dessa meditação, olhamos para o futuro com a esperança de que os discípulos e as discípulas participem da alegria plena de Jesus, que venceu a morte. Assim, o presente, o aqui e o agora, ganha beleza, pois a gente sabe que algo de bom há de vir.

Recordar – O que a nossa vida está dizendo?

- Vocês conhecem algum colega de escola ou outra pessoa que subiu na vida por empenho próprio?
- Você conhece pessoas que estão "satisfeitas" com a situação em que se encontram?
- Você conhece pessoas que sempre estão em busca de ser "melhores" como seres humanos, aprendendo dia após dia a arte da convivência?

Escutar – O que o texto está dizendo?
Ler Carta aos Colossenses 3,1-4.
Canto: "Esta palavra que ouvimos".

- O que nos conta o texto?
- Qual o assunto principal?
- Reler o texto.

Meditar – O que o texto diz para mim?

- O que significa para nós "ter a vida escondida em Cristo" e "seremos manifestados n'Ele"?
- Como entendo a minha participação na ressurreição de Cristo?
- A ressurreição não é só para quem já "morreu"?

Rezar – O que o texto me faz dizer a Deus?
Os catequizandos com o catequista podem entoar, juntos, um hino de louvor que cante a glória de Deus. Pode-se fazer um círculo ao redor da Bíblia, enquanto todos cantam.

Contemplar – Olhar a vida como Deus olha
Vou concentrar-me e imaginar em qual momento de minha vida consegui superar alguma dificuldade e chegar a um estágio de vitória.

Compromisso – O que a Palavra de Deus nos leva a fazer?
Dialogando com os meus pais, procurarei saber em que momentos eles se sentiram vitoriosos pela superação de obstáculos e consequente ascensão a um estágio superior de vida.

43º Encontro

O retiro é uma experiência espiritual
Retirar-se para rezar como Jesus fez.

Recado para a minha vida: Todos nós necessitamos de momentos de paz e de recolhimento. Se bem aprofundados e interiorizados, eles renovam as energias vitais de que necessitamos cotidianamente, tanto no plano físico como no espiritual.

Nesse sentido, um retiro – isolamento, descanso para a vida, tranquilidade e busca de paz, no silêncio – é uma alternativa muito apropriada, um encontro renovador e significativo para a vida, que conduz não só para o silêncio da mente como também para o da língua.

Propostas para reflexão neste retiro
- Aprofundar os sacramentos da Iniciação à Vida Cristã – Batismo, Eucaristia e Crisma.
- Encenar as passagens bíblicas em que Jesus perdoou e ensinou a perdoar: Lucas 15,1-7; 15,11-32; 19,1-10; Mateus 18,21-22.
- Celebrar a memória de pessoas que se destacaram na fidelidade ao Deus Trino e ao próximo – os santos e as santas.
- Celebrar Maria, Mãe de Deus e nossa.

Orações

Sinal da cruz – Pelo sinal da santa cruz, livrai-nos, Deus Nosso Senhor, dos nossos inimigos. Em nome do Pai e do Filho e do Espírito Santo. Amém!

Pai-nosso – Pai nosso, que estais nos céus, santificado seja o vosso nome; venha a nós o vosso Reino, seja feita a vossa vontade, assim na terra como no céu. O pão nosso de cada dia nos dai hoje; perdoai-nos as nossas ofensas assim como nós perdoamos a quem nos tem ofendido; e não nos deixeis cair em tentação, mas livrai-nos do mal. Amém!

Ave-Maria – Ave, Maria, cheia de graça, o Senhor é convosco. Bendita sois vós entre as mulheres, bendito é o fruto do vosso ventre, Jesus. Santa Maria, Mãe de Deus, rogai por nós, pecadores, agora e na hora da nossa morte. Amém!

Glória – Glória ao Pai e ao Filho e ao Espírito Santo. Como era no princípio, agora e sempre. Amém!

Santo Anjo – Santo Anjo do Senhor, meu zeloso guardador, se a ti me confiou a piedade divina, sempre me rege, guarda, governa e ilumina. Amém!

O Anjo do Senhor – O Anjo do Senhor anunciou a Maria.
E ela concebeu do Espírito Santo. Ave Maria...
Eis aqui a serva do Senhor. Faça-se em mim segundo a vossa palavra. Ave Maria...
E o Verbo de Deus se fez carne. E habitou entre nós. Ave Maria...
Rogai por nós, Santa Mãe de Deus. Para que sejamos dignos das promessas de Cristo.

Oremos: Derramai, ó Deus, a vossa graça em nossos corações, para que, conhecendo, pela mensagem do Anjo, a encarnação do Cristo, vosso Filho, cheguemos, por sua paixão e cruz, à glória da ressurreição pela intercessão da Virgem Maria. Pelo mesmo Cristo, Senhor Nosso. Amém.

Creio – Creio em Deus Pai, todo-poderoso, criador do céu e da terra, e em Jesus Cristo, seu único filho, nosso Senhor, que foi concebido pelo poder do Espírito Santo, nasceu da Virgem Maria, padeceu sob Pôncio Pilatos, foi crucificado, morto e sepultado. Desceu à mansão dos mortos, ressuscitou ao terceiro dia, subiu aos céus, está sentado à direita de Deus Pai todo-poderoso, donde há de vir a julgar os vivos e os mortos, creio no Espírito Santo, na Santa Igreja Católica, na comunhão dos Santos, na remissão dos pecados, na ressurreição da carne, na vida eterna. Amém!

Espírito Santo – Vinde, Espírito Santo, enchei os corações dos vossos fiéis e acendei neles o fogo do vosso amor. Enviai, Senhor, o vosso Espírito, e tudo será criado. E renovareis a face da terra.

Oremos: Ó Deus, que iluminais os corações dos vossos fiéis com a luz do Espírito Santo, concedei-nos que no Espírito Santo saibamos o que é reto e gozemos sempre de suas divinas consolações. Por Cristo Nosso Senhor. Amém!

Salve-Rainha – Salve, Rainha, Mãe de Misericórdia, vida, doçura, esperança nossa, salve! A vós bradamos, os degredados filhos de Eva. A vós suspiramos, gemendo e chorando neste vale de lágrimas. Eia, pois, advogada nossa, esses vossos olhos misericordiosos a nós volvei, e depois desse desterro, mostrai-nos Jesus, bendito fruto do vosso ventre, ó clemente, ó piedosa, ó doce sempre Virgem Maria.
Rogai por nós, Santa Mãe de Deus.
Para que sejamos dignos das promessas de Cristo.

Ato de contrição – Obrigado, Senhor, pelo perdão que recebi. Conto com a tua graça para perseverar no bem. Amém!
Pai, pequei contra o meu irmão e ofendi a ti. Meu Jesus, misericórdia!
Senhor, hoje quero recomeçar uma vida nova auxiliado pela tua graça. Meu Jesus, misericórdia!

Oração da manhã – Senhor, no silêncio deste dia que amanhece, venho te pedir a paz, a sabedoria e a força. Quero olhar hoje o mundo com os olhos cheios de amor; ser paciente, compreensivo e justo, calmo e alegre; quero ver os teus filhos como Tu os vês, e ver somente o bem em cada um. Cerra os meus ouvidos a toda calúnia, Senhor, reveste-me interiormente de tua beleza. E que no decorrer deste dia eu revele a todos o teu amor. Amém!

Oração de São Francisco de Assis – Senhor, fazei de mim instrumento de vossa paz. Onde houver ódio, que eu leve o amor. Onde houver ofensa, que eu leve o perdão. Onde houver discórdia, que eu leve a união. Onde houver dúvida, que eu leve a fé. Onde houver erro, que eu leve a verdade. Onde houver desespero, que eu leve a esperança. Onde houver tristeza, que eu leve a alegria. Onde houver trevas, que eu leve a luz. Ó Mestre, fazei que eu procure mais consolar que ser consolado; compreender que ser compreendido; amar que ser amado. Pois é dando que se recebe, é perdoando que se é perdoado, e é morrendo que se vive para a vida eterna. Amém.

Oração da criança – Querido Deus, gosto muito do Senhor. Gosto do papai, da mamãe, dos meus irmãos e de todos os meus amigos. Deus, obrigado pelos brinquedos, pela escola, pelas flores, pelos bichinhos e por todas as coisas bonitas que o Senhor fez. Quero que todas as crianças conheçam e gostem do Senhor. Obrigado, Deus, porque o Senhor é muito bom. Amém!

Consagração a Nossa Senhora – Ó Senhora minha, ó minha Mãe! Eu me ofereço todo a vós, e em prova de minha devoção para convosco eu vos consagro neste dia meus olhos, meus ouvidos, minha boca, meu coração e inteiramente todo o meu ser. E porque assim sou vosso, ó incomparável Mãe, guardai-me e defendei-me como coisa e propriedade vossa. Amém!